頭の中の解像度が
ぐんぐん上がる

すごい壁打ち

(株)インキュベータ代表取締役
石川 明

JN245558

サンマーク出版

テニスには、**「壁打ち」**という練習方法があります。

目の前の壁に球を打つと、跳ね返って戻ってきます。
強く打てば勢いよく、弱く打てばゆっくりと返ってくる。

シンプルな練習方法です。

平らな壁に向かって打てば、
真っすぐ球が返ってきますが、
石垣のような凸凹の壁に向かって打てば、
想定外の、自分から離れた場所に球は返ってきます。

これは、私たちの「対話」にも通じます。

自分の思考を球、相手を壁に見立ててみましょう。

考えていることを相手に話すと、何らかの反応が返ってきます。

「その考えは面白いね」「確かにそういう方向性もあるかも」

というポジティブな反応なら、自分の考えに自信が湧きます。

ただ時には、「それは難しいかも」「僕はそうは思わないなぁ」

とネガティブな指摘が返ってくることもあります。

それは、まるでテニスの壁打ちで

球が自分から離れた場所に返ってくるときのようです。

でも、**そんな予想外の反応から、**

新しいアイデアが生まれることもあります。

このような相手との対話を通じて
自分の考えを深めていく方法を
「壁打ち」と呼びます。

私たちは普段、「相談」や「依頼」といった対話をしながら仕事を進めます。

自分が知らないことを知っていそうな人や、良い助言をしてくれそうな人を見つけて「相談」をします。

「決めてほしい」「許可してほしい」ときには、承認や決裁を求めて、対話を通じて「依頼」します。

そのために、資料を用意し、論点を整理し、スケジュールを調整し、時にはわざわざ会議室を予約して対話に臨みます。

でも、時間をかけて準備をしても、
うまくいかないことも少なくありません。

「相談」や「依頼」では、こちらが打った球を
相手がどう打ち返してくれるかを待つことになります。

一方、「壁打ち」は相手に球を打ち、
相手から返ってきた球を
再度打ち返す**「ラリー」のような対話**です。

「ちょっと5分いいですか?」という気軽な声かけから始まり、
そのときに頭の中にあるモヤモヤとした思考を**ただ話すだけ**でいい。
準備は必要なく、途中経過の未完成な思考でもいい。

相手が良い答えを持っていなかったり、
望んだような助言を得られなかったりしても大丈夫。

対話を通じて、話し出す前より
あなたの頭の中は少しずつ整理されていきます。
言葉のやり取りをすること自体に価値があるのです。

リスクはほとんどなく、得られる成果は大きい。
それが壁打ちという対話法の魅力です。

話すたびに、あなたの頭の中の解像度がぐんぐん上がります。

はじめに

難しい課題から逃げない人たちが実践している対話法「壁打ち」

私は長年、さまざまな企業で新規事業を生み出すお手伝いをしてきました。
その中で、ずっと気になっている疑問があります。

「元気な組織と元気のない組織の違いは何なのか」

この問いについて考え続けるうちに、私は気づきました。
実は、これは組織そのものの違いというより、「そこで働く一人ひとりの行動や関わり方の違い」なのではないか、と。

たくさんの組織を見てきた経験から、私が最も大きな違いを感じるのは、組織内で交わされるコミュニケーションの量とスピードです。

元気のある組織では、トップからボトムへの「方針の提示」や「指示」、ボトムからトップへの「報告」や「上申」といった情報のやり取りが、活発に行われます。

さらに特徴的なのは、こうした上下のコミュニケーションに加えて、横で交わされるコミュニケーションが豊かなことです。元気な組織では、同じ部署の中でも、異なる部署の間でも、時には階層を超えて、さまざまな対話が日常的かつ自然に交わされているのです。

本書では、そんな横のコミュニケーションの一つとして、「壁打ち」という対話の形をご紹介します。

「ちょっと壁打ちに付き合ってくれない？」

私がかつて在籍していたリクルートでは、この言葉が頻繁にオフィスの中を飛び交っていました。

リクルートは１９６０年創業と古い会社ながら、今も活力を保ち積極的に新規事業を生み出し続けています。その活力の源泉は、壁打ちという特徴的なコミュニケーションのスタイルが浸透していることにあるのではないか、と気づいたのが本書を執筆するきっかけになりました。

トップダウンやボトムアップなど上下のコミュニケーションだけに頼ると、組織が大きくなり階層が深くなるに従い、物事を決めるのに長い時間を要するようになります。また、組織全体のタテ割りが強くなると、効率化は進みやすい一方で、タコ壺《つぼ》化が生じ、横の連携は取りにくくなります。

それは、環境の変化が激しく、不確実性が高く、正解がない中で絶えず試行

上下と横のコミュニケーション

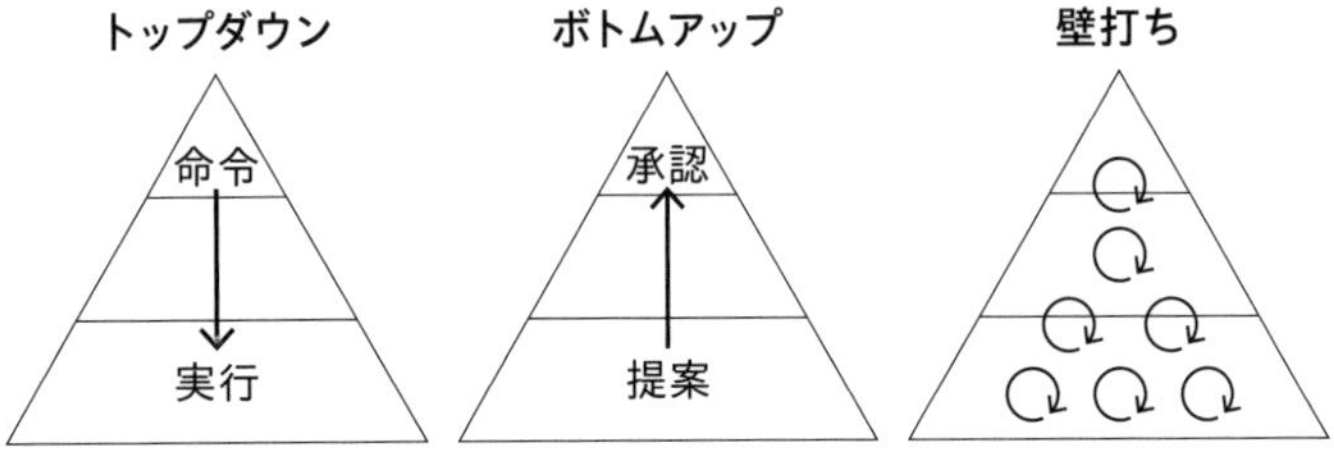

トップダウン、ボトムアップは上下の一方通行のコミュニケーション。
壁打ちは同じ階層、または近い階層との横のコミュニケーション。

錯誤を繰り返しながら前に進んでいかなければいけないといわれる現代において、大きな弱点となります。
そこで有効なのが、壁打ちなのです。

壁打ちは個人の仕事の質を高め、結果的に組織の活性化が進みます。

例えば、仕事で課題にぶつかって解決策を考えなければならないときや、自分だけではなかなかしっくりくるアイデアが出てこないときはありませんか？　頭の中にモヤモヤとした「アイデアらしきもの」はあるものの、どうもうまく整理できない。

やりたいことはあるが、いまひとつ自信を持てない。そんなときに、効果的な手法が壁打ちです。

詳しくは、第1章でお伝えしますが、**壁打ちは雑談と相談の中間に位置するコミュニケーション**です。

「相談に乗ってほしい」と頼まれたら、「何か重大なことでもあったのか」と身構えてしまう人もいるでしょう。かといって、雑談のような気軽すぎるコミュニケーションでは、新しいアイデアを生むための真剣な空気感は生まれづらいかもしれません。

壁打ちによって、相手に過度な負担をかけることなく、その場で数分から数十分話すだけで自分が何に悩んでいたのかがはっきりしたり、独り悶々《もんもん》と考え続けていたことに光明が差したり、何からどんな順番で考えていけばいいかがわかったりします。

リクルートでは、壁打ちが昔も今も活発です。現在も私自身、ＯＢという立場で現役社員の壁打ちに付き合うこともあります。また、リクルートには「壁打ちを頼まれたら断らない」という空気もあるのです。

よく「リクルートの元気の秘密は？」と聞かれます。私は、社員同士で日常的に横のコミュニケーションが活発に交わされていることが、個人の持つアイデアを増幅させ、周囲を巻き込みやすくし、事業のスピードを速めることの支えになっていると確信しています。

壁打ちには、こう着状態を打ち破る力がある

こんな経験をしたことはありませんか？

・目の前の課題に対する解決策がうまく思い浮かばず、あれこれと悩んでいる

うちに、問題が大きくなってしまった
・部下や同僚からすでに手遅れに思える問題を相談されて、「もっと早く話してくれていたら、力を貸せることがたくさんあったのに」と残念に思った

仕事をしていると、行き詰まることは誰にでもあります。そこで、多くの上司は「困ったことがあれば相談に乗るよ」と声をかけますが、すぐに相談に来てくれる部下ばかりではありません。

なぜなら、「相談」には状況を整理し、資料をまとめ、論点を明確にするといった準備が必要だからです。また、せっかく相談しても、ダメ出しをされたり、振り出しに戻されたりすることを恐れる部下も少なくありません。結果として、一人で問題を抱え込んで、それが大きな問題に発展してしまうこともあるでしょう。

壁打ちは違います。**行き詰まっている人から持ちかけるだけでなく、その様子に気づいた周りの人から声をかけることもできるのです。**私自身、部下に対

して「この人は今行き詰まっているな」と感じたときに、「少し壁打ちでもしてみない？」と声をかけることがよくありました。

誰かに話をすることは、思考を整理する効果的な方法です。最初は自分が何に困っているのかさえうまく言葉にできなかった部下が、壁打ちを通じて頭の中を整理し、解決の糸口を見つけていく。そんな場面に、私は何度も立ち会ってきました。

最近では「1on1」を制度として導入し、上司と部下が定期的に対話する場を設ける企業が増えています。もちろん、それも大切なコミュニケーションの機会です。しかし、**壁打ちはそれほどかしこまったものではなく、もっと気軽に、日常的に行えるもの**です。それなのに、**かけた労力に比べて大きな効果が期待できるコミュニケーション**なのです。

ここまで、リクルートを例に出してきましたが、壁打ちはリクルート特有の手法ではありません。スタートアップ企業やイノベーション、デザイン思考などを重視する業界では、日常的に実践されていると聞きます。また、「壁打ち」

という言葉こそ使っていなくても、実質的に同じような対話が行われている組織も多いはずです。

とはいえ、さまざまな企業やコミュニティの方々と接していると、壁打ちはまだまだ一般的な言葉・習慣ではないように感じます。特に、古い体質が残る組織では、「気軽に声をかけづらい」「『結論から言え』と叱られてしまう」という声をよく耳にします。

せっかく同僚や上司、部下といった「共に仕事をする仲間」が身近にいるはずなのに、なんともったいないことでしょう。「うまく壁打ちを使えば、仕事はもっとしやすくなるのに」と感じざるを得ないのです。

特に現代は「ＶＵＣＡの時代」と呼ばれ、先が見えづらく、正解もわかりにくい時代です。だからこそ、一人で考え込むだけでなく誰かと一緒に考えることが大切なのです。そんな思いから、壁打ちという手法をより多くの人に知ってもらいたいと考え、本書を執筆しました。

数万回の対話で磨いた「すごい壁打ち」

私は、リクルートで長年にわたって新規事業の立ち上げに携わってきました。そこでの経験は、まさに「正解のない仕事」の日々でした。

２０００年には総合情報サイト「All About」の創業に参加。10年にわたって事業部長や編集長として事業の成長を支えました。そして２０１０年の独立後も、一貫して企業の新規事業支援に取り組んでいます。

新規事業支援の仕事の特徴は、なんといっても幅広い業種・業態の方と関わることです。機械、金融、化学、ＩＴ、エンターテインメント、外食など、私がこれまでに携わってきた企業の業種を挙げ出すとキリがありません。さらに、大学生や地元の町会・ＰＴＡなど、いわゆるビジネスパーソン以外の方とも数多く関わってきました。

その中で私は、幅広い業界の方々と事業案を磨くための個別面談を重ねてきました。その数は年間1000回を超え、リクルートやオールアバウトでの経験を含めれば数万回に及びます。

私の仕事は「コンサルティング」と思われることもありますが、それは少し違います。コンサルティングでは、相手の業界や職種について専門知識が必要です。その領域で相手を上回る知見がなければ、価値を感じてもらえないからです。その点、私の仕事の仕方は少し違うのです。

私が普段やっていることは、「壁」になることです。

相手の話に相づちを打ちながら「壁」となって受け止めます。やがて、対話にリズムが生まれてくると、相手はどんどん話してくれるようになり、その過程で相手の頭の中が自然と整理されていきます。

コンサルティングと壁打ちの違い

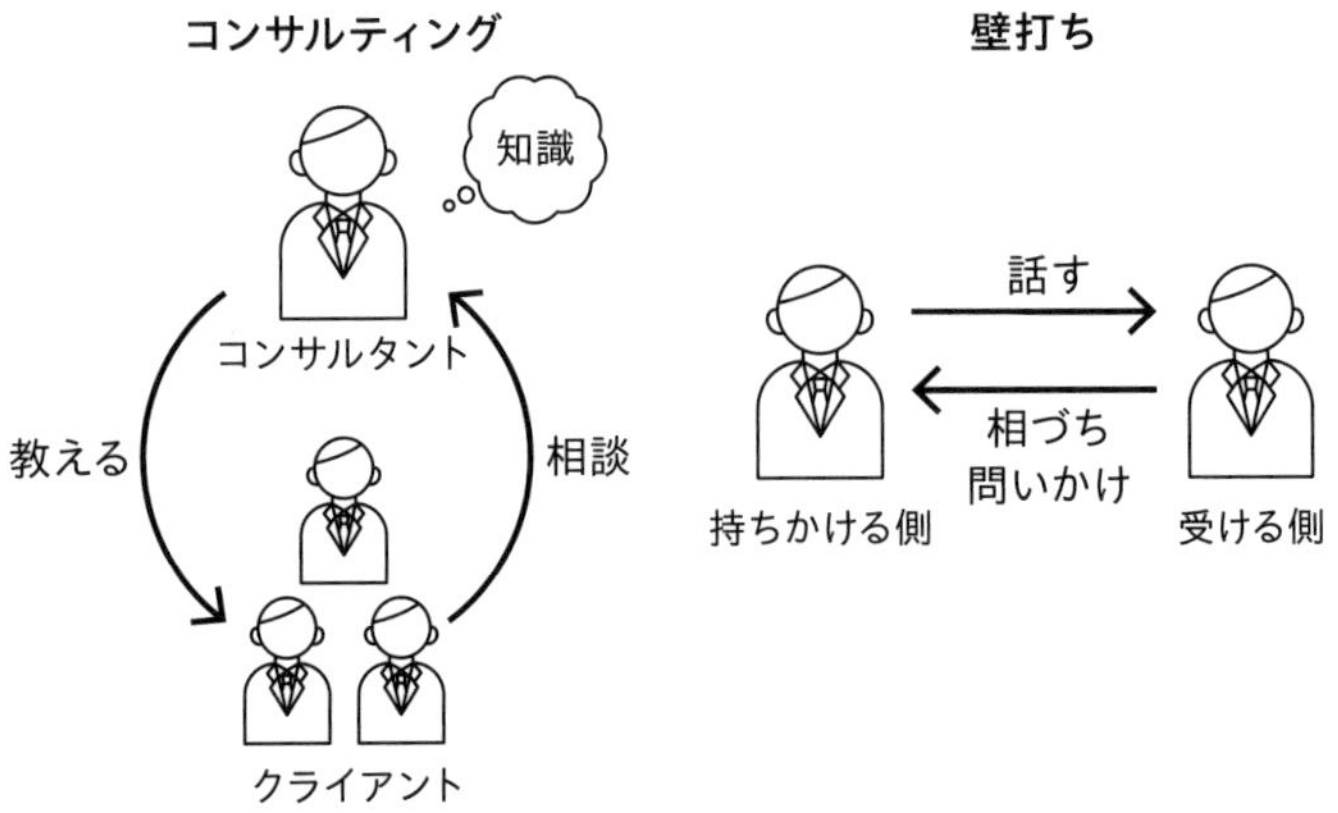

さらに、相づちだけでなく、さまざまな「問い」という球を打ち返すことで、対話は広く、深くなっていく。この繰り返しで、新しいアイデアや解決策が磨かれていくのです。

このような仕事の進め方をしていることもあり、最近では「私の仕事は壁打ちの相手をすることです」と言うようになりました。

いわば、「**壁打ちのプロ**」を自称しているわけです。

壁打ちは「仕事ができる人」の無意識の習慣

このように「壁打ちのプロ」として多くの方と関わる中で、私は興味深い発見をしました。それは、**世間でいう「仕事ができる人」の多くは、意識せずとも自然に壁打ちを周りの人と行っているということ**です。つまり、壁打ちは特別な技術ではなく、誰もが活用できるコミュニケーションの形なのです。

「仕事ができる人」は、必ずしも問題を一人で解決しているわけではありません。確かに、直感的に答えを見つけたり、論理的に解決策を導き出したりする力を持っている人はいます。しかし、そういった人たちの多くは、日常的に誰かと対話を重ねながら考えを深めています。本人は意識していなくても、それは私たちが呼ぶところの「壁打ち」なのです。

だからこそ、以下のような方に壁打ちをお勧めします。

・一人で問題を抱え込んでしまいがちな人
・相談するとなると身構えてしまう人
・誰かと話しながらの方が考えがまとまる人
・八方塞がりで、こう着状態に陥っている人
・一人で考えていると視野が広がりすぎて迷子になりやすい人

これらを読んで「自分のことだ」と感じた方は、ぜひ試してみてください。新しい道が開けるはずです。

壁打ちは、思い浮かんだことを話せばいいだけの気軽なコミュニケーションです。

ただし、**雑談にも上手・下手があるように、壁打ちにもコツがあります。**本書では、私の数万回に及ぶ壁打ちの経験から体系化した「すごい」成果を得るためのポイントをお伝えしていきます。

本書を手に取ってくださった方の中には、コーチングやカウンセリングを学ばれている方もいるかと思いますが、それぞれに「プロ」の仕事があるように、壁打ちも奥深いビジネススキルの一つなのです。他の対話法との違いを理解し、場面や目的によって使い分けていただければ幸いです。

また私は、壁打ちを単なるコミュニケーション術や思考術としてだけでなく、組織での「人間関係構築術」としても捉えています。組織で働く上で、周囲の人との良好な関係づくりは重要なビジネススキルです。壁打ちは、相手との距離を測り、自分を理解してもらい、協力者・支援者としての関係を築いていくのに効果的な方法でもあるのです。

「はじめに」の最後に、本書の構成をお伝えしましょう。

第1章では、単なる雑談でも相談でもない、壁打ちの「本質」に迫ります。気軽に始められる壁打ちは、思考を広げ、人間関係を深め、組織を強くする力を秘めています。アイデアを生み、問題を解決し、ビジネスを前進させる壁打ちの効用を紐解《ひもと》きます。

第2章では、壁打ちを成功させるための具体的な「手順」をご紹介します。壁打ちは気軽かつ自由に始められる対話ですが、実はその実践にはコツがあります。相手選びから、声のかけ方、話の進め方、そして締め方まで、壁打ちの基本となる七つのステップを丁寧に解説します。

第3章では、第2章の基本からワンランク上の「すごい壁打ち」のやり方をご紹介します。相手選びから対話の進め方まで、置かれた状況や得たい成果に合わせて思考の幅を劇的に広げ、一人だけでは得難い「解」を見つけ出すための実践的なガイドです。

第4章では、壁打ちを「受ける側」から良い「壁」のあり方について考えます。逆の立場から壁打ちを捉えてみることは、「持ちかける側」としても参考になります。相手の思考を深める「問い」の立て方、意図的な「ゆさぶり」の手法など、相手の成長を支援する高度な技術をご紹介します。

第5章では、壁打ちの「機会」を増やし、確実に成果に繋《つな》げていくためのノウハウを詳しく解説します。心理的ハードルの乗り越え方から、AI時代の新しい壁打ちの手法まで、実践的なテクニックを詰め込みました。

第6章では、デジタル化やリモートワークで減少しがちな職場のコミュニケーションを活性化し、風通しの良い「組織づくり」を実現する方法を提案します。壁打ちは組織も活性化する手法です。予兆の早期発見から新しいアイデアの創出まで、壁打ちを組織の文化として根付かせることで得られる具体的な効果と、その実践方法を詳しくご紹介します。

本書をきっかけに、壁打ちを日々の仕事の質を高める方法として存分に活用してください。

はじめに

第1章

アイデアがふくらむ、問題解決がうまくいく「壁打ち」

第2章

思考を深める壁打ちの「基本」

第3章

頭の中の解像度が上がる「すごい壁打ち」

第4章

悩みをうまく聴ける「壁」になる

第5章

壁打ちの「機会」を増やし、成果に繋げる

第6章

壁打ちは「組織」も強くする

第1章

アイデアがふくらむ、問題解決がうまくいく「壁打ち」

壁打ちとは「考えるための対話」

ある会社での失敗例をお話ししましょう。

新商品の開発にまつわるお話です。その会社の商品企画部門では市場調査を丁寧に行い、データに基づいて企画を進めました。

しかし、完成した商品は、従来品に比べて商品を売るための説明に時間がかかり、営業活動に大きな負担がかかるものでした。

「市場ニーズはあるけど、これは売りづらい」

現場の営業部門からは、こんな声が上がりました。結果として、営業部門のやる気は上がらず、売上は伸び悩んでしまいました。

この失敗の背景には、「誰に相談すればいいのかわからない」「正式な会議の場でないと意見を聞けない」という組織内の壁があったのかもしれません。日頃から、部門の垣根を超えた気軽な対話ができていれば、企画段階で営業部門が重視する「売りやすさ」という視点を取り入れることができたはずです。

この事例は、フランクな「雑談」でも、かしこまった「相談」でもない、新しい対話の形の大切さを教えてくれています。企画者の「ちょっと営業の人の意見を聞いてみたいんだけど」という一言から対話が始まっていれば、「実は売りにくい」という大きな問題を軌道修正ができるうちに見つけられていたかもしれないのです。

このような対話の形こそが、壁打ちです。

ここであらためて、壁打ちの定義をしましょう。

壁打ちとは、

話しながら考えをまとめていく対話術

です。定義はこれだけ、非常にシンプルです。
まずは、身近なコミュニケーションとの比較で壁打ちを考えていきましょう。
仕事の中で交わされる対話は、おおむね四つに分類できます。

①雑談
②相談
③依頼
④交渉

ここに第五の選択肢として、壁打ちを加えていただきたいのです。
壁打ちは、雑談と相談の間にあるコミュニケーションです。雑談ほどラフで

5つのコミュニケーションの目的と具体性

	目的	具体性
雑談	×	×
壁打ち	△	△
相談	○	△
依頼	◎	○
交渉	◎	◎

雑談から交渉にかけて、目的、具体性は共に明確になる。
壁打ちは目的や具体性が曖昧でも、持ちかけられる。

はなく何らかの目的を持ちますが、相談ほど目的は明確でなく、内容も具体的でないことが多いです。まして、依頼や交渉ほど目的も具体性も明瞭ではありません。

壁打ちの特徴は、目的も具体性も漠然として曖昧なところにあります。

「漠然としている」と聞くと、よくないことに思えるかもしれません。

しかし、「頭の中にぼんやりとしたアイデアらしきものはある」という段階はよくあることではないでしょうか？　それくらいの状況で、相談を持ちかけることは気が引けるでしょうが、**壁打ちなら相手に具体的な答えを求めるわけではないので、そんなときでも気軽にやって構わないのです。**

雑談ではもの足らない。だけど相談できるほど具体的に固まっていない。そんなときこそ壁打ちによって、考えを整理し深めていくのです。

この「まだ曖昧な段階でも話していい」という気軽さこそが、壁打ちの大きな強みです。相手に迷惑をかけてはいけない、きちんと整理してから話そうと思いすぎて、誰にも相談できないまま時間だけが過ぎていく。壁打ちは、そんな状況を避けるための有効な手段なのです。この「曖昧な段階で話す」ということについて、もう少し深く考えてみましょう。

壁打ちならうまく話そうとしなくてもいい

困っているのに一人で抱え込んでしまって、後から同僚や上司に「もっと早く言ってくれればよかったのに」と言われた経験はありませんか？

相談すれば前に進むとわかっていても、「何から話せばいいんだろう」「どうやって説明すればいいんだろう」と悩んでしまうことも多いでしょう。頭の中はモヤモヤしているのに、「ちゃんとまとめてから相談しなきゃ」と思って、結局相談できないままに時間だけが過ぎていく……。

私たちは普段から「相手に迷惑をかけないように」「きちんと整理してから話そう」と考えがちです。その気持ちは、とてもよくわかります。

本来、何をどう話そうが自由であるはずの雑談でさえ、「うまく雑談するためのコツ」を説いた本がたくさん出版されています。まして相談や依頼となれば、どう話せばいいだろうと構えてしまうのは当然です。

壁打ちは、そもそもうまく話す必要がないコミュニケーションです。頭の中に思い浮かんでいることを「球」として、相手という「壁」にただ打つだけ。

相手は壁となって、相づちや何かしらのリアクションを返してくれます。それに対して、また球を打ち返す。この単純なやり取りを繰り返すだけで始められます（もちろん、よりうまく活用するためのコツはたくさんあります。そのコツを次章からはご紹介します）。

相談や依頼では、何をどんな順番でどう話そうかと、事前にいろいろと準備が必要です。でも、壁打ちはそこまで具体的である必要はありません。**うまく言えないなりに、頭の中にあるものをできる限りそのまま出すだけでいいのです。**

壁打ちの最大の魅力は、その手軽さにあります。**大切なのは、気軽に始めて、その代わりに何度も繰り返し実践してみること。**それだけです。

もちろん、事前に準備をすれば、より効果的な壁打ちができることは確かです。しかし、準備にこだわりすぎて「今は準備不足だから」と躊躇《ちゅうちょ》したり、「この人と話す前にはちゃんと整理をしてから」と機会や相手を限定しすぎたりするのは逆効果です。たとえ準備が万全でなくても、まずは実践して、回数を重ねてみることの方が、はるかに価値があるのです。

5〜15分程度の短い対話でも、十分な効果が得られます。長く話してはいけないというルールはありませんが、長時間の壁打ちをうまく進めるには、それなりの経験とスキルが必要です。大切なのは「気軽さ」です。肩の力を抜いて、まずは試してみることから始めましょう。

たとえうまくいかなくても必ず得るものがある

壁打ちが手軽であることのもう一つの利点は、**うまくいかなかったときのダメージが小さくて済むことです。**

何度も言っていますが、そもそも壁打ちは、相談に比べて事前準備にそれほど時間やエネルギーを使わなくて済みます。そのため、期待していたような成果が得られなくても、自分へのダメージは小さくて済むのです。また、相手の「せっかく時間を取ったのに」という思いも最小限に抑えられます。

これが正式な会議となると、話は違ってきます。関係者全員の貴重な時間を使うことになりますし、もし期待した成果が得られなければ、厳しい評価を受けることにもなりかねません。

一方、最初から壁打ちとして話を持ちかければ、相手も「必ずしも結論を出す必要はない」と理解した上で応じてくれます。**相手からすれば、うまくアドバイスができなかったり、的確な答えが見つからなかったりしても、あなたに負担をかける心配がないので、より気軽に話を聞いてもらえるのです。**

誰でも悩みを抱えているとき、「早く解決して気持ちをすっきりさせたい」と思うものです。そんなときこそ、まずは壁打ちを試してみてください。ただし、壁打ちは魔法の解決策ではありません。相手から「これが正解です」と教えてもらえることはまずないと思って臨んだ方が良いでしょう。

実は壁打ちが最も力を発揮するのは、誰も正解を知らないような複雑な問題や、まだ誰も経験したことのない新しい課題に直面したときです。だからこそ、「すぐに答えを見つけよう」「目に見える成果を出そう」と焦らないことが大切です。

何度も壁打ちを重ねていくうちに、「今までより一歩前進できた」と感じられる瞬間が訪れます。最初はぼんやりとしていた問題が、段々とクリアに見えてきて、解決への道筋が明らかになってくるのです。

一度でうまくいくことを期待せず、小さな壁打ちを何度も繰り返すのが効果的です。だからこそ、身構えすぎずに気軽な気持ちで始めて、必要なだけ繰り返してみてほしいです。

頭の中にあることを言葉にして話していくうちに、自然と考えがまとまっていきます。そうして整理された考えは、次の壁打ちをさらに実りあるものにしてくれます。

また、**相手がどんな反応を示すかを見ることで、自分の考えを外側から眺めることができます。**そうすると、自分が本当は何に悩んでいるのか、何がまだはっきりしていないのか、問題の本質は何なのか、次に進むために自分は今何を決めなければいけないのか、といったことが少しずつ明らかになってきます。

こうした過程を経ることで、難しい問題や大きな課題に直面したときも、どこから手をつければいいのかが少しずつ見えてきます。壁打ちとは、そんな糸口を見つけるための対話でもあるのです。

着想、確認、発見　すべての段階に有効

気軽にできて、うまくいかなかったときのダメージも最小限で済む壁打ちですが、どんなときに向いている手法なのでしょうか。

壁打ちは、アイデアや計画の検討を始めたばかりの序盤で、最も大きな効果

を発揮します。頭の中がモヤモヤとしている状態でも、それを言葉にして誰かに話してみることで、自分の考えが少しずつ整理されていきます。

特に効果的なのは、経験が浅かったり、知識が十分でなかったり、初めて取り組むテーマだったりするときです。「どこから手をつければいいのか」「何を優先して考えればいいのか」がわからないときこそ、まずは壁打ちをしてみましょう。

ただし、壁打ちは万能薬ではありません。必ずしも望む「答え」にたどりつけるとは限りませんし、たどりつくまでにどれくらいの時間がかかるかも読めません。だからこそ、**締め切りが迫っているときよりも、まだ時間的にも心理的にも余裕のある検討の序盤にこそ、効果を発揮しやすいのです。**

とはいえ、検討の中盤や終盤にも壁打ちは十分に力を発揮します。

検討が中盤に入ったら、壁打ちは別の形で役立ちます。**ここでは、自分が積み上げてきた考えに筋が通っているか、見落としている視点はないかを確認す**

る手段として活用しましょう。

考えの一貫性や論理的な整合性、そして意図が正しく伝わるかどうかは、資料にまとめて読んでもらうよりも、実際に話して聞いてもらう方が相手の反応を確認しやすいものです。相手からスムーズに反応が返ってくるなら、それは自分の考えがうまくまとまっている証拠といえるでしょう。

ただし、思いもよらない指摘を受けることもあります。「そういう見方もあるのか」「その視点は抜けていた」「相手にはそう聞こえるのか」と、新たな気づきを得ることも少なくありません。

本章の冒頭でご紹介した新商品開発で営業部門との壁打ちがなかったばかりに、売上が伸び悩む商品を企画してしまった例も、まさにこの中盤での壁打ちで確認ができていれば防げた失敗でした。

さらに壁打ちは、検討の終盤でも効果を発揮します。

中盤までである程度納得のいく結論が出ていたとしても、まだ時間に余裕があるなら、最後にもう一度壁打ちを試してみましょう。

検討段階ごとの壁打ち

検討段階

序盤	何を、どこから考え、手をつければいいか手がかりが摑《つか》める。**壁打ちの効果が最も発揮されやすい。**
中盤	考えの一貫性や視点の抜け漏れを確認できる。
終盤	「自分と異なる視点を持つ人」と話すことで、予想外の気づきが得られる。**時間に余裕があるときにお勧め。**

このとき大切なのは、「自分とは異なる視点を持つ人」を相手に選ぶことです。

例えば、自分とは違う経験やバックグラウンドがあったり、異なる分野の知識やスキルを持っていたりする人は、新しい視点を提供してくれるかもしれません。

また、その分野に詳しい専門家に限らず、年齢や性別、職業、住んでいる地域など、自分とは異なる背景を持つ人との壁打ちも効果的です。

自分が「当たり前」と思って前提条件ともしていなかったことが、実は違う見方もできるのだと気づかされることがあります。

意外かもしれませんが、**その分野について全く知識のない「素人」と思われる方と話すのも有益です。**普段なら同僚に簡単に伝わることでも、よりわかりやすい言葉を使ったり、説明方法を工夫したりする必要が出てきます。この過程で、思いがけない気づきが得られることも少なくありません。

次からは、壁打ちがもたらす具体的な効用を三つご紹介します。壁打ちは気軽な会話のように見えて、実は大きな価値を生み出す対話術なのです。

壁打ちの効用①
思考が広く深く発展する

「自分の頭でよく考えろ！」

上司が部下を指導するときに使われがちな言葉ですが、実はよく考えてみると不思議な表現です。

そもそも考えるときは誰でも自分の頭を使うわけですから、「自分の頭で」というのは当たり前のことです。ところが、「自分で考えなさい」と言われても、実はそれを実践するのは、そう簡単なことではありません。だからこそ、ただ叱るだけの指導では効果が上がらないのです。多くの人にとって、一人で黙々と考えを深めていく作業は想像以上に難しいものです。壁打ちは、そんな一人での思考の限界を超えるための、とても実用的な方法の一つなのです。

壁打ちは、自分の頭だけでなく、他の人の頭も借りながら考えを深めていく「思考法」といえます。

思考法としての壁打ちには、次の五つの重要な効果があります。

① 自覚
② 整理

③ 俯瞰《ふかん》
④ 確認
⑤ 拡張

思考を始める段階から、順を追って説明していきましょう。

▼▼▼①自覚

実は、私たちは自分自身が目の前の課題や悩みに対して、何をどう考えているのかを、意外とはっきりとは自覚できないものです。叱られるような場面で「何を考えているんだ」「なぜ○○したんだ」と急に問われても、すぐには普通は答えられません。

人間の脳は放っておくとさぼります。自分の頭の中だけで妄想しているうちは、脳は楽な方に流れ、思考がまとまらず、「まあ、いろいろ悩ましいな」と漠然とした状態のまま考えることを終えてしまいがちです。

しかし、**誰かに自分の考えを伝えようとすれば、頭の中にあるモヤモヤを強制的に「言葉」にしなければなりません。そうすると、脳は自然と「考える」モードを再開して、言葉にする作業を始めます。**これこそが、壁打ちの効果「自覚」です。

例えば、「Aという案件が行き詰まっていて困っている」と同僚に壁打ちをお願いするとしましょう。すると、壁である同僚は「どんなことで困っているの？」「いつ問題が発生したの？」などと、質問を投げかけてくれるでしょう。そうした質問に答えていくうちに、頭の中にぼんやりとあった考えが言葉になっていきます。そうやって、自分でも漠然としていた課題が、少しずつはっきりしてくるのです。

▼▼▼②整理

壁打ちは対人コミュニケーションですから、相手からは何かしらの反応が返ってきます。「それわかる！」という共感や、「どういうこと？」という戸惑いなど、その反応はさまざまです。特に、うまく伝わっていないと感じるときこそ、壁打ちによる思考の深掘りができるチャンスです。

なぜなら、相手に理解してもらおうとする過程で、自然と思考が整理されていくからです。例えば、別の言い方を試みたり、具体例を出したりしながら説明を工夫する。すると相手から「それっていつからの話?」「誰が関係しているの?」「なぜそうなったの?」といった質問が出てきます。その質問に答えていくうちに、自然と話の要素が整理されていくのです。

さらに、相手の反応を見ながら話を進めることで、「あ、私が本当に伝えたいのはここなんだ」という核心が見えてきたり、「当初はAだと思っていたけど、実はBの方が近いかも」と新たな気づきが生まれたりします。

メモを取ったり文章を書いたりして、一人で考えを整理する方法ももちろん有効です。しかし、誰かと対話しながら整理していく壁打ちは、一人で悶々《もんもん》と考えなくていい分気持ちが楽で、効果的な方法なのです。

▼▼▼③俯瞰

自分のことを外から見る＝俯瞰するのは難しいものです。特に、自分が問題の当事者になればなるほど、客観的な視点を保つのは難しくなります。状況全体を見渡せなくなってしまうのです。

そこで、壁打ちが俯瞰に役立ちます。誰かと話しているとき、私たちは自然と「今の会話はうまくいっているかな」と考えます。「相手にちゃんと伝わっているかな」「話が噛《か》み合っているかな」「共感してもらえているかな」「相手は興味を持ってくれているかな」など、会話の様子を観察することで、つい自分の当事者目線だけに偏りそうな状況を客観的に俯瞰できるようになるのです。

俯瞰に役立つのは、相手のリアクションです。相手のリアクションを受け止めることは、すなわち客観視するということなのです。相手のリアクションや言っていることが必ずしも正しいとは限りません。

ただ、このときに「正しさ」は大事ではありません。否定されたり、ネガティブに捉えられたりしたとしても、「そう受け取る人もいるのか」と状況を客観視できることこそが大事なのです。それによって、次に取るべき行動が見えてきます。

▼▼▼④ 確認

そもそも壁打ちをお願いしたくなるのは、多くの場合、何かしらの悩みや行き詰まりを感じているときです。そんなとき、私たちは知らず知らずのうちに視野が狭くなってしまいがちです。

そこで効果的なのが、問題に直接関係していない人との壁打ちです。先入観のない立場からの素直な反応によって、新しい発見が生まれやすいからです。

ただし、「確認」の効果を十分に得るためには、相手に一定の知見やスキルが必要になります。例えば、業界経験や専門知識があれば、「この部分が抜けているのでは？」「似たような事例ではこうした対応が効果的だった」といった、より具体的で実践的な指摘が期待できます。

私自身、新規事業支援の専門家という立場から日常的に壁打ちの相手を務めていますが、この「新しい視点との出会い」「漏れの確認」は、最も感謝される効果の一つです。 壁になって受ける側にはある程度の技量が必要であることに加えて、二つの姿勢が求められます。

一つは、専門性を活《い》かしつつも先入観を持たず、フラットに対応すること。もう一つは、経験や知識を押しつけすぎないよう、適度な距離感を保つことです（ここは第4章で詳しくご説明します）。

⑤拡張

元々思考は自分の頭の中で行うものですが、相手の頭も使わせてもらうことで、期待以上の成果が得られることがあります。そうした状態を私は「拡張」と呼んでいます。

最初の話題よりもっと大きな視点で考えられたり、より深い議論に発展した

り、思いがけない展開へ広がったり、将来の可能性が見えてきたりすることがあります。

例えば、「ある新商品をどうやって既存のクライアントに売り込むか」といった課題を持っていたとしましょう。そのときに、壁打ちをすることで「そもそも既存のクライアントに限定するわけは?」「別の商品と組み合わせれば、新規クライアントも開拓できるのでは?」といったように、新しいアイデアが生まれることもあるでしょう。

「①自覚」「②整理」「③俯瞰」といった効果は、ほとんどの壁打ちで自然と得られます。相手からの「例えば?」「いつから?」といった単純な問いかけ、つまり「正反射」の球を打ち返してもらうだけでも十分に効果が期待できるからです。

一方、「⑤拡張」はやや異なる性質を持っています。相手から「そういえば……」「ところで……」「話は少しそれますが……」と、**あえて違う方向に話を向けてもらう「乱反射」が必要になるからです。**この「乱反射」があってこそ、思考は新しい領域へと広がっていきます。

そのため、「拡張」を期待する場合は、相手選びが重要になります。「④確認」と同様、相手にはまた異なる知見やスキルが求められます。この相手選びについては第3章で詳述します。

また、あらかじめ「今日は新しく発想を広げたい」といった期待を伝えておくと、より効果的な対話になるでしょう。

もちろん、思いがけない広がりが生まれることもあれば、単なる話の脱線に終わることもあります。しかし、そうしたリスクを理解した上で、この「拡張」という効果を意識的に活用する価値は十分にあります。

そして、壁打ちは考えるためだけでなく、次のような副次的な効果ももたらしてくれるのです。

壁打ちの効用②

良い人間関係が築ける

壁打ちのビジネススキルとしての価値は、相手の脳を借りながら考えることだけではありません。**「良い人間関係を築く」という大きな効果もあるのです。**

新しい企画やアイデアを実現しようとするとき、本当に「良い仕事」「大きな仕事」「成果の出る仕事」をするためには、企画の内容が良いだけでは足りません。誰とどのように協力して進めていくか、それが極めて重要になってきます。

経験が豊富な人ほど、この現実をよく知っています。いくら優れた企画を考えても、それだけでは実際の成果には結びつきにくいことを、身をもって経験しているのです。

だからこそ、経験豊富な人は壁打ちを「考えを深める方法」としてだけでなく、「人間関係を築く方法」としても活用しています。組織を動かし、アイデアを実現していくための重要な武器として使っているのです。

この効果は、組織人として働く方はもちろん、フリーランスとして働く方にも当てはまります。なぜなら、フリーランスの方も顧客やパートナーという形で、必ず何らかの組織と関わりながら仕事をしているからです。壁打ちは、そうした**「関係構築術」**としても、身につけていただきたいスキルなのです。

最終的に目指すゴールは、壁打ちの相手になってもらった人を味方につけること。そのためには、三つのステップをたどります。

①相手との距離を測る
②相手の考えを知る
③相手を味方につける

ボクシングの試合は、大抵ジャブの応酬から始まります。柔道では組み手争いをしながら、空手では間合いを取りながら、相手との距離を測り、相手がどう動いてきそうかを探索します。そしてその上で、この後どう攻めていこうかと作戦を考えるわけです。勢いに任せて押し込んだ方が良いのか、じっくりタイミングを待つのが良いのか、攻め方はいろいろです。

仕事においても「距離感」は大事です。 あなたが感じている問題意識、考えている案、進めたいと思っている方向性に対して、組織の中の誰がどんなスタンスでいるかは、確認してみないとわかりません。

距離を測りたい人に対して壁打ちに付き合ってもらい、相手の反応をうかがうことで、あなたの考えていることについて相手が「知っていたか」「関心があったか」「問題視しているか」「詳しいか」「ネガティブか」「ポジティブか」「協力的か」がわかります。

距離の近そうな人は、案を進めていく上で積極的に相談したりお願いしたりできる候補になりそうですし、距離の遠い人の中にもその後巻き込んでいく必要のある人がいれば、機会を見つけて距離を詰めておいた方が、後々話を進めやすくなります。

さらに壁打ちを繰り返していると、何人かは好意的な姿勢になってくれる人が現れます。1回ずつの壁打ち自体は有用なものにならなかったとしても、後日「そういえばこんな情報があるよ」とか、「○○部長も同じようなことを言ってたよ」「あの後ちょっと考えたんだけど、○○してみるのも良いかも」「取引先のA社に話してみたら面白そうって言ってたから今度一緒に行こうか」なんて助言を得られる展開も期待できるのです。

また、そこで話したことを後日公式な会議などで提案したときにも、一度でも事前に話を聞いていて、起案の背景や起案者であるあなたの思いに少しでも触れていれば、会議の議論の中で味方になってもらえる可能性がぐっと高まります。**会議に提案したり、稟議《りんぎ》書を回したりして自分から何か起案するときに、関係者に対して「根回し」ということをすることがありますが、これと同じ効**

用が壁打ちには期待できるのです。

「根回し」のことを「裏工作」的に悪い印象を持つ人もいるようですが、時間的な制約のある会議において一発勝負で自分の思い通りに議論を進め、望んだ結果を得ることは難しいものです。**本気で組織の中で何かを起案したり、通したりしようと思えば、事前に関係者たちと「関係構築」をしておくことは、とても大事なビジネススキルなのです。**この関係構築は立場の上下に関係なく、対等な同僚の中でも効果を発揮します。

会議でダメ出しばかりされてうんざりしているような方は、ぜひ会議の前に出席者と壁打ちをしてみてください。

組織によっては、タテ割りが強くて横の連携が弱かったり、上意下達の体質が強く、馴染《なじ》みにくかったりするようなケースもあるかもしれませんが、逆にそんな組織でこそ「正式な相談となると堅苦しくなりすぎる」と考えて、あえて壁打ちという形でコミュニケーションを図ってみるのも効果的です。

壁打ちの効用③
組織が強くなる

ここまでは、ビジネスパーソン個人のスキルとしての効用についてご紹介してきましたが、ここからは、**壁打ちがもたらす組織への効用**について説明します。

私はこれまでさまざまな組織を見てきました。「はじめに」でも触れましたが、組織の風土の特徴は、コミュニケーションのスタイルに表れがちです。組織によって、コミュニケーションのスタイルは驚くほど違います。

私は組織において壁打ち的なコミュニケーションが広がっていけば、その組織の力は大きく向上すると思っています。具体的にどのような効用があるか考えていきましょう。

▼▼▼アイデアが出やすくなる

組織として課題にぶつかったとき、それを解決するためのアイデアを誰か特定の個人に頼るのは危険です。とはいえ、「みんなで考えよう」と会議室に集まっても、その場で簡単に良いアイデアが出るとは限りません。

ただ、誰かが出した小さなアイデアを組織の中で磨いていくことはできます。アイデアは、いろいろな視点を取り入れ、時には批判され、磨かれ、補強され、段々と良いものになっていくものです。もちろん、これを一人でやることも不可能ではありませんが、一人で複数の視点を使い分け、磨き、補強を重ねていくのは簡単ではありません。

組織の中で壁打ちが日常的に行われていると、誰かが思いついたアイデアが、さまざまな人との対話を通じて自然と磨かれていきます。

組織には、さまざまな専門性を持つ人がいます。お客さんのことをよく知っている人、マーケティングのプロ、技術に詳しい人、経験が豊富な人、業界の動向に詳しい人など、各種の専門家を「壁」として活用することで、アイデアはどんどん磨かれていきます。

営業部門、製造部門、管理部門など、異なる部署の人同士で壁打ちができる風土があれば、アイデアはより実現可能性の高いものになっていくでしょう。部署間だけでなく、役員から現場スタッフまで、階層の異なる人々の間でも壁打ちが活発に行われることで、より多面的で実践的なアイデアが生まれてくるはずです。

壁打ちが浸透していない組織では、最初に出てきた小さなアイデアに対して、課題ばかりが指摘され、現場の対話の中で育てることができません。そんな組織の中では、誰もちょっとした思いつきを口に出すことができなくなるのです。

▼▼▼アイデアの実現スピードが早くなる

組織で新しい取り組みを始めるとき、そこには多くのステップがあります。アイデアを出し、その価値を確認し、実現できるか検討し、必要な投資について議論し、関係者に協力を依頼する。特に、大きな案件になればなるほど、関わる人も増え、それだけ時間もかかってしまいます。

このプロセスを効率的に進めるため、多くの組織では関係者が一堂に会する「会議」を開きます。しかし、大きな組織では「次の○○会議の議題に上げよう」「その前に○○さんに議題として提案していいか確認しよう」と、二段階ものの手順を踏まなければならないことも珍しくありません。すべてを会議で決めようとすると、かえって時間がかかってしまうことが少なくないのです。

会議は最終的な意思決定には有効な手段です。ただし、会議にかけるまでもない案件は、日々の対話の中で済ませた方が効率的です。「明日、ちょっと時間ありますか?」と気軽に声をかけ、その場で物事を少しずつ前に進める。対話が多い組織では、こうした進め方が日常的に行われています。

壁打ちが日常的に行われている組織では、「そもそもこの案件は会議にかける必要があるのか」という事前判断がしやすくなります。その結果、会議で扱う議題を本当に必要なものだけに絞ることができます。

また、会議の前に関係者間で十分な対話が行われているため、議論もスムーズに進み、場合によっては正式な会議を経なくても結論が出せることもあります。こうして、組織全体でアイデアが実現していくまでのスピードが自然と上がっていくのです。

▼▼▼環境変化への対応力が上がる

現代は「ＶＵＣＡの時代」と呼ばれ、先を読むことが非常に難しい時代だといわれています。

かつては、今よりは先のことが予測しやすい時代でした。そこでは、仕事の範囲と責任をはっきりと決め、定められたルールに従って、正式な会議で順序立てて物事を決定していく。これが最も効率的で、正確で、抜け漏れのない組織運営の方法でした。

しかし、今の時代はビジネス環境が大きく変化しました。先が見通せず、誰も正解を確信できない。だからこそ、仮説を立て、検証を繰り返していくしかないのです。そんな時代において、かつての仕事の進め方は最善のやり方ではなくなってきました。

もし、上司がすべての正解を知っていて、部下は上司の指示を仰げば済むのなら、壁打ちのような手法は必要ありません。ところが実際には、**上司も正解などわからないのですから、それぞれが自分の考えを「仮説」として周りと話し合いながら磨いていく必要があります。**現場の社員も上司も、気づいたことを壁打ちとして相互に投げかけていく。そんな双方向のコミュニケーションが大切なのです。

前例のないことを始めようとすると、組織の中でどうしても摩擦が生じがちです。しかし、関係者同士が日頃から壁打ちを通じて意見を交わしていれば、そうした課題も徐々に解消されていきます。

このように壁打ちは、正解が見えづらく試行錯誤の必要な環境変化が激しい時代だからこそ、その真価を発揮するのです。

風通しの良い組織に変わる

「あの組織はスピードが速い」という評価を耳にすることがありませんか？
この「スピード」とは何を指すのでしょうか？

多くの人は「意思決定が速い」ことだと考えがちです。しかし、それだけではありません。組織の「スピード」の本質は、実は別のところにあります。

それは「**一人が課題を抱え込んでいる時間が短い**」ということです。メンバーが自分のアイデアを気軽に共有でき、必要なときに他者に協力を依頼できる。そうした組織では、一人が長時間悩みを抱え込むことがありません。その結果、組織全体としての動きが自然と速くなっていくのです。

イメージとしては、サッカーやバスケットボールでの「パス回し」が速いプレーが近いでしょう。一人がボールを持つ時間が長くなると、その間にディフェンスを固められてしまい、うまく得点に繋《つな》げることができなくなるのと同じです。

私のクライアントの創業100年を超える老舗企業の話です。その企業では、1か月に一度の定例の会議があります。業務上の提案はその会議を通さなければならず、そこでうまくいかずに差し戻されてしまうと、さらに1か月担当者が課題を抱え込まなくてはなりません。これでは、どれだけ懸命に準備を重ねても、スピードは上げられません。

また、私たちはつい「しっかり考えてから話を持っていかないといけない」と思いがちです。この「しっかり考える時間」というのは、実際にはどれくらいかかるものでしょうか？

現実を見てみると、一人で集中して同じことを考え続けられるのは、せいぜい数十分程度。1時間以上も一人で考え続けることは、意外と少ないものです。

それなのに私たちは、「まとまった時間を取って考えないと」と思い込み、行

動を先送りにしてしまいます。この思い込みが、組織の中で仕事を停滞させてしまう大きな原因なのです。

壁打ちが浸透していない組織では、問題が誰の目にも明らかになるほど大きくなってから発見されます。多くの場合、問題が誰の目にも明らかになったときにはすでに手遅れになっているものです。

早く問題を報告すればいいのですが、「なんかまずい感じがする」という漠然とした気づきがあっても、「何が問題なのか、原因は何か、対策もセットにしてから報告せよ」と上司に言われると、結局、問題を抱えて一人で考え込むしかなくなってしまう。そんなことが起きていませんか。

一方、ふと思いついた小さなアイデアが、誰かに話したことをきっかけに膨らみ、具体化し、形になっていくこともあります。これを「たいしたことではないだろう」「わざわざ人に話すほどのことではない」と自分の胸の中だけにしまっていては、そのうち自分でも忘れてしまいます。そうやってビジネスチャンスの芽を見落としてしまうのです。

大切なのは、問題が深刻化する前に、誰かが「何かおかしいな」と気づき、それを組織内で共有し、組織として原因や対策を検討できることです。小さな気づきやアイデアがすぐに共有され、活発に意見が交わされる組織を「風通しの良い組織」と呼びます。

このような風通しの良さは、特定の個人の力量に頼らず、組織を構成する全員の力を引き出し、組織全体の力を高めます。多くの人がその重要性を理解していながら、実現方法がわからないのが現状です。その具体的な方法としても注目したいのが、「壁打ち」というコミュニケーションスタイルなのです。

第2章

思考を深める壁打ちの「基本」

壁打ちを成功させる7ステップ

前章で説明したように、壁打ちは気軽に始められるコミュニケーションです。しかし、その影響力は決して小さくありません。実際、壁打ちを取り入れている人・組織と、そうでない人・組織との間には、大きな差が生まれることがあります。

壁打ちは一見シンプルな対話に思えますが、実は私たちは1回の壁打ちをするにあたってはいくつかのプロセスを行っています。

壁打ちを分解してみると、大まかに次の7ステップに分かれています。

壁打ち基本の7ステップ

① **相手を選ぶ**
最初は「話しやすさ」を優先して選ぶ。

② **声をかける**
相手に「これは“壁打ち”である」という認識を持ってもらう。

③ **話し始める**
時系列にすると話しやすい。

④ **相手から相づちや質問が返ってくる**
予想外の質問が来ても、まずは会話のラリーを楽しむ。

⑤ **話題をコントロールする**
話がそれすぎないよう、常に主導権を握り続ける。

⑥ **壁打ちを終える**
お礼と報告で次の機会に繋《つな》げる。

⑦ **リフレクション**
一人で振り返り、気づきをメモに残す。

ステップ① 相手を選ぶ

選んではいけないタイプにだけ気をつける

壁打ちは気軽なコミュニケーションとはいえ、相手によって効用は大きく左右されます。「壁」となってくれる人には、向き不向きがあるのです。

当たり前の話のように思えるかもしれませんが、**壁打ちの相手を選ぶとき、最初に考えたいのは壁打ちの経験が豊富な人です。**

なぜなら、壁打ちは普段の仕事上の会話とは少し異なる特徴を持つコミュニケーションだからです。その違いを理解した上で、適切な「壁」になってくれる人が身近にいれば、それが最も理想的な相手といえるでしょう。

ただし、周りに慣れた人がいることばかりでもないはずです。そういうときには、どんな人に声をかけるべきでしょうか。

▼▼▼リラックスして話せる相手から始める

まずは、自分が気軽に、肩の力を抜いて話せる人を選びましょう。**よく雑談をしたり、ランチを共にしたりする同僚や年次の近い先輩・後輩、職場の人でなくても昔からの友人、誰でも構いません。**

なぜ、こうした気軽に話せる相手が良いのでしょうか？　それは、余計な緊張や心配をせず、頭の中にあることを素直に本音で話すためです。

そもそも壁打ちは、自分から話を始めないと成立しません。「まだ考えがまとまっていないのに失礼かな」「こんなことを言ったら、笑われるかも」「相手は興味がないかもしれない」。こうした心配をするような相手では、気兼ねしてしまい本音で話すことができませんよね。

だからこそ、最初は「この人なら気軽に付き合ってくれそう」「あまり気を遣わなくても大丈夫」と感じられる相手から始めるのが良いでしょう。

意外かもしれませんが、**相手は必ずしも自分が考えていることに関する専門**

家である必要はありません。むしろ、知識や経験が豊富すぎる人は、ついアドバイスをしたくなったり、自分の意見を述べたくなったりして、良い「壁」になれないこともあるのです。そうなると、かえって望むような壁打ちができなくなってしまいます。

実は、うなずきながら聞いてもらえるだけでも、壁打ちの効果は十分に得られます。そこに「それっていつ？」「誰と？」「どこで？」「いつもそうなるの？」といった軽い質問を返してもらえれば、会話は段々と自然に進んでいきます。

リラックスできる相手ならどんな人でも構わないのですが、逆に避けた方が良い相手はいます。それが次の相手です。

▼▼▼ネガティブな反応をしがちな相手を避ける

「それは違うんじゃないか」「難しいと思う」。アイデアを話したとき、真っ先にこんな反応をする人が周りにいませんか？

確かに、まだ形になっていないアイデアには不完全な部分がたくさんあります。だからこそ、最初の一言で否定されると、せっかくの芽も育つ前に摘まれてしまうことになりかねません。

アイデアは、受け止めてもらうことで少しずつ育っていくもの。だからこそ、はじめは「素直に話を聞いて、フラットに反応してくれる人」に話してみることをお勧めします。相手の選び方一つで、アイデアの育ち方は大きく変わってくるのです（ただし、あえてネガティブな反応が返ってくる相手との壁打ちが有効な場合もあります。そうした相手については、118ページから後述します）。

▼▼▼アドバイスしすぎる相手を避ける

実は、ポジティブすぎるあまりに、具体的なアドバイスをたくさんくれすぎてしまう人も、壁打ちの相手としては向いていないかもしれません。

壁打ちの目的は、あなたの話を聞いてもらうこと。**相手からアドバイスをもらうことは、第一の目的ではないのです。**たとえ「何か役に立ちたい」という親切心からだとしても、アドバイスが多すぎると、かえってあなたの考えがまとまりにくくなってしまいます。

さらに、相手が自分の意見や持論を熱心に語り始めたり、時には説教のようになったりすると、本来の壁打ちの効果は失われてしまいます。

理想的な壁打ちの相手とは、純粋に「壁」として、あなたの言葉を跳ね返してくれる人。そんなシンプルな存在なのです。

ステップ② 声をかける
「これは壁打ちである」と認識を合わせる

「ちょっといいですか？」と5分から10分程度で手短に相談するつもりで声をかけて、気づけばその何倍も話し込んでしまったという経験はありませんか？

声をかけられた相手も親身になって話を聞いてくれた結果、本来話したかったことから脱線してしまい、当初の目的すら達成できなかった……そんな経験をしたことがある人も少なくないはずです。

こうした現象は、「どのような目的を持ったコミュニケーションなのか」という前提がお互いに共有されていないから生じます。

壁打ちにおいて、実は「声のかけ方」は雑談や相談、依頼以上に気を配る必要があります。**壁打ちにおける声のかけ方には、原則があります。それは、「壁打ちであること」が声をかける側、かけられる側の共通認識になることです。**

人は自分に何を期待されているのかを誤解してしまうと、良いコミュニケーションを取ることができません。壁打ちという言葉自体を相手も認識していれば、「壁打ちさせてください」で十分に通じます。問題は、壁打ちという言葉を知らない人への声のかけ方です。そうした人と壁打ちを始めるときは、例えばこんな風に切り出すといいでしょう。

「今、ちょっと考えていることがあって。まだ自分の中でもうまくまとまっていないんですが、少し話を聞いてもらえないでしょうか？　特に何かアドバイスをいただきたいわけではなくて、ただ聞いていただけるだけでも助かるんです」

そこに、「○○さんなら話しやすいと思って」とか「○○さんなら聞いてくださるかと思って」といった一言を添えれば、相手も気持ち良く引き受けてくれるはずです。

もし声をかけた相手に時間の余裕があれば、その場で始めてもいいでしょう。忙しそうなら、後日の約束を取り付けます。

ただし、あまり先の日程を設定すると、話が大げさになってしまう可能性があります。「近いうちに、短い時間でも構わないので」と伝えて、なるべく早めの機会を見つけるのがコツです。

また、どのくらいの時間が必要かも、あらかじめ伝えておくといいでしょう。**最初は15分から30分程度がお勧めです。**この程度の時間なら、相手も気負うことなく、気軽に応じてくれるはずです。

ステップ③　話し始める

「時系列」に沿ってできるだけ具体的に話す

第1章でもお伝えしましたが、壁打ちの良さはうまく話す必要がないことです。壁打ちは、肩の力を抜いて、ありのままの気持ちで話すのが一番です。

そもそも、話の筋道が完璧に整理できているなら、壁打ちは必要ないはずです。だからこそ、上手に話そうと気負う必要はないのです。

もちろん、頭の中のモヤモヤを何とか言葉にしようと努力することは大切です。できるだけわかりやすく伝えようとする姿勢も必要でしょう。そう努力することが思考の整理を助けます。

ただし、それは自然な範囲で構いません。無理に言葉を探したり、実際以上に大げさに話したり、立派に見せようとしたりする必要はありません。そういった気負いは、かえって本来の壁打ちの効果を損なってしまいます。

ところが、「何を話してもいいです」と言われても、かえって何から話せばいいか迷ってしまう方もいるでしょう。そんなときは、**時系列に沿って話を進めていくのが一番わかりやすい方法です。**現在の悩みや問題に至るまでの経緯を、順を追って説明していくのです。

ただし、「正確に話さなければ」と思いすぎて細かいことにこだわると、つい長話になり、相手が疲れてしまいかねません。ポイントを絞って、要点を押さえながら話を進めていきましょう。そうすれば、相手も全体の流れを理解しやすくなります。

説明が足りない部分があっても心配ありません。相手から「それは、いつのこと?」「そのとき、どうしてそう思ったの?」といった質問が返ってくるはずです。その返球に応じて、必要な情報を補足していけばいいのです。

自分の話が長くなりがちだという自覚がある人は、次の三つの段階に分けて話すといいでしょう。

〔1〕きっかけ

例：このあいだお客さんに「新しく○○も頼めないか」と言われまして。

〔2〕そのときに何を思ったのか・感じたのか

例：お客さんの要望に応えられなくて、申し訳ないなと思ったんです。

〔3〕今考えていること

例：今の契約は続けてくれそうなんですけど、「このまま新しい要望を放っておいてもいいんだろうか？」ってモヤモヤしているんです。

このように話すと、なぜ壁打ちがスムーズに進むのでしょうか。

壁打ちをするとき、まず大切なのは、あなたが直面している問題の具体的な状況を相手と共有することです。例えば、「先週のミーティングでこんな意見が出て困っている」「このプロジェクトでこういう課題に突き当たった」といった**具体的な原体験から話を始めることで、相手は状況を理解しやすくなります。**

壁打ちをする時点で、あなたは一人では答えが出せない問題の渦中にいるはずです。その問題に至る経緯や背景を相手と共有することで、「何を一緒に考えてほしいのか」「この話を持ち出した真意」を伝えましょう。

逆に、「実はですね」と結論から入ったり、「要するに」と抽象的な要約から始めたりすると、相手は状況を理解できず、適切な反応や助言が難しくなってしまいます。

ステップ④ 相手から相づちや質問が返ってくる
正確に話すより、言葉をたくさん打ち合う

壁打ちを始めたら気をつけたいのは、自分ばかりが話し続けてしまうことです。壁打ちは一人で話し続けるものではなく、あくまでもテニスのラリーのような対話です。相手が何か返してくれるのを待って、相手の言葉を受け止めた上でまた球を返すようにしましょう。

会話の途中で沈黙が生まれると、気まずく感じる方もいるでしょう。ただ、その間を自分の言葉で埋めると、相手が反応する余地がなくなってしまいます。少し間を置いて、相手の反応を待つ。その余裕を持つことが大切です。

壁打ちを始めるとき、多くの人は「こんな順番で話そう」「ここまで話したい」と頭の中に流れを持っているかもしれませんが、壁打ちはあなたの一人語りではなくあくまで「二人での対話」です。できるだけ会話の自然な流れに身を任せてみましょう。

時には思いもよらない方向に話が進んでいくこともあります。けれども、それこそが壁打ちの醍醐味《だいごみ》です。これは考えてみれば当たり前の話で、すべてが自分の想定通りに進むなら、一人で考えているのと変わりませんから、壁打ちをする意味はありません。むしろ、思いもよらない反応や意外な展開があるからこそ、壁打ちには価値があるのです。

壁打ちがうまくいっているかどうかを知る一つの目安は、「会話のラリーの

回数」です。だからこそ、できるだけたくさんの言葉を投げかけてみましょう。

言葉を交わす回数が増えていくと、不思議なことが起こります。自分が本当に伝えたかったことが見えてきたり、どんな言葉が相手の心に届きやすいのかがわかってきたりするのです。

だから、一つひとつの言葉を慎重に選びすぎる必要はありません。正確な表現を探すより、たくさんの言葉を投げかけてみること。それこそが、壁打ちの効果を最大限に引き出すコツなのです。

ステップ⑤ 話題をコントロールする
会話の主導権は常に持ちかけた側が持つ

たくさんの言葉を投げかけることが大事とはいえ、話が不用意に広がり続けすぎると、雑談と変わらなくなってしまいます。雑談と壁打ちの大きな違いは、「会話の主導権」を誰が持つのかにあります。雑談には、会話の主導権という概念は本来必要ありません。

一方、**壁打ちは会話の主導権が常に持ちかけた側にある**ことを忘れないでください。

たとえ相手が今の話題に興味を持って、もっと話を続けたそうにしていても、あなたの意図する方向からあまりに外れていきそうであれば、話の本線を戻す必要があります。

相手の話を遮るのは気が引けるかもしれません。けれども、会話の切れ目を見計らって「ところで……」「実は……」「今日お時間をいただいたのは……」といった言葉を使えば、自然に話題を切り替えることができます。

慣れないうちは、話題を変えることに躊躇《ちゅうちょ》したり、相手に遠慮したりしてしまうものです。しかし、壁打ちはただの雑談とは違います。あなたは課題や意図があって壁打ちに臨んでいるはずです。だからこそ、会話の方向性はあなた自身がしっかりとコントロールする必要があるのです。

ここで気をつけたいのは、自分の考えと異なる意見が返ってきたときです。**すぐに反論したり、議論を始めたりするのはお勧めしません。**壁打ちの目的は、どちらが正しいかを決めることではないのですから「なるほど、そういう見方もあるのですね」くらいの軽い受け止め方で十分なのです。

それでも相手の言葉に納得がいかないときには、相手を説得しようとせず、「なぜそう思うのですか？」と背景や意図を逆に質問して掘り下げてみましょう。

ただし、論点が大きくずれてしまったり、話があまりに脱線しそうになったりしたときは、「少し話を戻させていただくと」「それで、先ほどの話なんですが」といった具合に、さりげなく本筋に戻すといいでしょう。

それでも望むような対話にならないと感じたら、その壁打ちを無理に続ける必要はありません。適度なところで区切りをつけて、また別の機会に、別の人と試してみればいいのです。一度の壁打ちですべてを解決しようとは思わない姿勢も大切です。

ステップ⑥　壁打ちを終える
また「壁」になってあげたいと思われる人になる

壁打ちを始めるのと同じように、終えるタイミングも、話を持ちかけたあなた自身が決める必要があります。なぜなら、壁打ちには「ここまでできたら終わり」という明確なゴールがないからです。

もちろん、お互いが話を続けたいと感じ、時間の余裕もあるなら、長く続けても構いません。しかし、経験的にいうと、**1回の壁打ちは短めに済ませて、その分回数を重ねる方が効果的です。**機会を分けることで、毎回新しい視点が生まれやすくなるからです。

特に「まだ話したいことが全部話せていない」という理由で、むりやり時間を延ばすのは避けましょう。壁打ちは会話のラリー。リズムが合うときもあれば、合わないときもあります。うまくいかないときに粘り続けても、なかなか良い流れは戻ってきません。

むしろ、一度区切りをつけて、あらためて機会を設ける方が、新鮮な気持ちで始められます。たとえ期待したような成果が得られなくても、「まあ、やらないよりは良かった」くらいの気持ちで、次の機会に目を向けましょう。

「そろそろこのくらいかな」と感じたら、自分から話を終わりに持っていきます。その際、必ず相手へのお礼を伝えることが大切です。

実は、**壁打ちの相手は少し不安を感じやすいものです。**相手には「相談に乗る」「アドバイスをする」「承認をする」といった明確な役割がないため、「自分は役に立てたのだろうか」「なぜ自分に声をかけてくれたのだろう」と不安になることがあります。それが強くなりすぎると、「何のために自分に声をかけたのか」とあなたへの不信感にも繋がりかねません。

だからこそ、**心からのお礼を伝えることが大切です。**大げさな言葉は必要ありません。「話を聞いてもらって、すっきりしました」「話しているうちに、考えが整理できました」といった言葉で感想を伝えれば十分です。もし具体的に「ここが参考になった」という点があれば、それも付け加えるといいでしょう。

第1章で説明したように、壁打ちは自分の考えを整理できるだけでなく、良い人間関係が築ける効果もあります。

ただし、これは両刃《もろは》の剣です。自分の利益だけを考えて壁打ちを行うと、思考を整理する効果は得られても、逆に人間関係を損なってしまいかねません。

例えば、相手がこんな風に感じてしまったら要注意です。

「急に時間を取ってくれと言われて付き合ったのに、一方的に話して『じゃあ、また』で終わり。その後、何の連絡もない。結局あれは何だったんだろう……」

このような疑問や不信感を相手に抱かせては逆効果です。

できれば、その日に伝えるお礼だけで終わらせず、後日「あの後、こんな風になりました」と簡単な報告を添えて、「この前は時間を取っていただき、ありがとうございました」とあらためて感謝を伝えましょう。そうすることで、相手も「自分の時間を有効に使ってもらえた」と感じ、次回も快く壁打ちの相手を引き受けてくれ、いつかあなたの味方にもなってくれるのです。

ステップ⑦　リフレクション

気づきをメモして振り返る

せっかく有効な壁打ちができても、後になって忘れてしまうのはもったいないです。すべてを終えて一人になったところで、できることなら「振り返り」をして気づきをメモに残しておくことをお勧めします。

議事録のようなしっかりしたものでなくて構いません。**そのとき頭の中に残っている相手の印象的な言葉や今の気持ち、この後やろうと思うことなど、頭に浮かんでいることをキーワードだけでも残しておきましょう。**

ちなみに、壁打ちの最中に詳細なメモを取ることを私は勧めていません。壁打ちにおいて対話のリズムは大事ですし、メモを取られると「壁」側の人が緊張してしまうこともあります。ただ、これも決してルールではありませんので、壁打ちを繰り返す中で、自分に合った方法を見つけていただけたらと思います。

第3章

頭の中の解像度が上がる「すごい壁打ち」

新しい可能性が見つかる「すごい壁打ち」の効用

壁打ちの最大の魅力は、手軽なのに得られる効用が大きいことにあります。本書では、まずは前章でご紹介した基本的な壁打ちを試し、壁打ちの効用を実感していただくことを第一の目的としています。

基本をマスターした方や、すでに壁打ちを実践されている方には、もうワンランク上の「すごい壁打ち」をご紹介しましょう。

第1章でご紹介した壁打ちの五つの効用（「①自覚」「②整理」「③俯瞰《ふかん》」「④確認」「⑤拡張」）のうち、「①自覚」「②整理」は第2章の基本的な方法でも十分に得られます。しかし、「③俯瞰」「④確認」「⑤拡張」という、より深い効用を引き出すには、壁打ちの質を高める工夫が必要になってきます。

これらの効用は、思考を深める上で重要な「拡散」と「収束」のプロセスと密接に関係しています。例えば、自己満足で終わりそうなアイデアも、他者との対話で新たな視点や知識を得ると考えが拡散し、磨かれていきます。一人で考えていると、つい「これは無理かな」と諦めてしまうアイデアでも、話しているうちに新たな活路を見出《みいだ》せることがあるのです。

また、たとえ自分のアイデアに共感を得られなくても、「それなら、こういう方向性はどうだろう？」と、相手が新しい可能性を示してくれ、具体的な実行プランへとアイデアが収束していくこともあります。

逆に、「同じようなサービスがもうあるよ」と原点に戻してくれたり、「人材の確保はどう考えてる？」「発売後のメンテナンス体制も必要だね」といった具合に、実現に向けた検討課題について、気づいていなかった視点を与えてくれたりもします。

ここからは、これらの効果を最大限に引き出すための具体的な方法をご紹介していきます。

「壁」を吟味すれば成果が変わる

前章ではまず「リラックスして話せる相手」であれば誰でも構わないといいましたが、より深い効果を得るためには、目的に応じた相手選びが重要になってきます。

ただし、**完璧な相手を見つけることは難しいという前提は持っておくべきでしょう。**なぜなら、あなたはすでに「①自覚」「②整理」のプロセスを経て、相当な検討を重ねた上で壁打ちに臨んでいるはずだからです。あなたが考え尽くした上で直面している課題を、簡単な対話だけで解決してくれる相手を見つけることは容易ではありません。

ただ、その人の特徴的な強みを見つけられれば、さまざまなタイプの人が良い壁打ち相手になってくれます。

・業界や専門分野の知識が豊富な人
・以前に同じような苦労をした経験がありそうな人
・物事を論理的に整理するのが得意な人
・細部まで丁寧にチェックするのが得意な人

普段の会議で重箱の隅をつつくかのように指摘し、「細かすぎる」と感じるような人でも、プロジェクトの実現可能性を検証する場面では、とても心強い壁打ち相手になることがあります。壁打ちの目的は必ずしも「すぐに答えを得ること」ではないので、相手の特徴を活《い》かした対話を心がけましょう。

ただ、一見良さそうな人が意外に向かないケースもあります。例えば、「拡張」には理想的な壁打ち相手に思える「アイデアマン」タイプ。意外に思うかもしれませんが、必ずしもそうした人が最適な壁打ち相手とは限りません。自分の意見を強く主張する傾向があるため、かえって対話が深まりにくいことがあるのです。むしろ、あなたの話をよく聞き、適切な質問を投げかけてくれる人の方が、新しい気づきを得られることも多いのです。
ここからは具体的にどんな人が壁打ち相手として向いているのかを考えてみましょう。

▼▼▼自分から距離が遠い人ほど思考を拡張させてくれる

そもそも自分の頭だけで考えていては埒が明かないからするのが、壁打ちです。それであれば、いっそのこと自分とは知識も経験も異なりそうな**「距離が遠い人」**を壁に選んでみましょう。

身近にいて話しやすく気の合う人とは、どうしても考え方や視点が似てきがちです。モヤモヤと考え始めた初期段階で、自分の頭の中を整理するために話を聞いてもらうには良いのですが、考えを「拡張」しようと思ったら、自分とは異なる人を選ばないと広げられません。

まず候補に挙げやすいのは、社内でも部署や職種、役職の異なる人です。営業部門の人は技術部門の人と、企画部門の人は管理部門の人と話してみる。それぞれの部署や職種には独自の視点や考え方があるので、それだけでも普段接している仲間とは違った気づきを得られることがあります。

大きな組織で働いている人なら、別の事業部の人を壁打ちの相手に選ぶのも良いでしょう。商品も、販売方法も、顧客も異なる事業部の人は、おのずと物事の捉え方が違います。その違いこそが、新しい発見に繋《つな》がるのです。

私自身、クライアント企業でアイデアを拡張するためのワークショップを催すときは、できるだけ社内の多様なメンバーが集まるようにグループ分けを工夫します。それだけ、異なる視点を持つ人との対話には価値があるのです。

さらに視野を広げるなら、自分の会社以外の人と壁打ちをしてみるのも面白いでしょう。産学官＝企業、大学、官公庁など、異なる属性の組織に所属する人との対話からは、思いもよらない視点が得られるかもしれません。

例えば、サービス業の経験しかない人には、製造業なら必須の「仕入れ」「在庫」「保守・メンテナンス」といった概念に馴染《なじ》みが薄いですし、一方で製造業の経験しかない人は、サービス業において重要な「人材の確保・育成」「退職リスク」「クレーム対応」といった観点に抜け漏れが生じがちです。新規事業で今までと異なることに取り組むなら、お互いに視点を補完する必要があります。

最近、新規事業開発の分野では「オープン・イノベーション」という考え方が注目されています。これは、異なる分野の人たちと協力することで、新しいアイデアやイノベーションの種を生み出そうという取り組みです。「産学官連携」などもその一例ですが、実は壁打ちを使えば、大がかりなことをしなくても、自分だけでも似たような効果が得られるのです。

「遠い人」という考え方であれば、壁打ち相手は数え切れないほどいることになります。 例えば、普段は仕事の話などしない学生時代の友人や、いわゆる「ママ友・パパ友」といった話しかけやすい人も候補です。その他にも、飲み屋で知り合ったクリエイター、近所に住むアスリートなど、全く異なる世界にいる人との対話には、新鮮な気づきがあるはずです。

私も、高齢の両親とスマホについて話をしていて「そうか、この文字サイズでは読めないのか」と気がついたり、ダンスを仕事にしている若い人と電動キックスケーターの話をして「特定の職場に通勤するという生活習慣がないと、移動手段の選び方も違って当然だな」と感心したりするなど、いわゆる企業人の方とオフィスやＺｏｏｍ会議でしているのとは全く異なる視点の新規事業の気づきを得たことがあります。

定年まで同じ会社で働くのが一般的な会社の中で話すのと、フリーランスの人と話すのとでは、セカンドキャリアについての考え方が異なるのも当然です。誰もが自身の環境の常識に準《なぞら》えて物事を捉えがちですが、「遠い人」と壁打ちをすれば、いろいろな気づきが得られます。

このように「拡張」といっても、必ずしもその道の専門家が相手である必要はありません。むしろ、同じ関係者でも自分とは立場の違う人や、異なる視点を持つ人との対話が、思わぬ気づきをもたらすことが多いのです。

▼▼▼苦手な人・嫌いな人をあえて相手に選ぶ

さらに「拡張」を図りたいなら、普段であれば避けてしまいそうな相手、苦手だと感じる人、あまり好きではない人とも、思い切って壁打ちを試してみましょう。意外な発見があって面白いものです。

私にも苦手なタイプの人はいます。せっかくポジティブに発想を広げて可能性を探ろうとしているのに、事細かに課題ばかり指摘してくる人や、何か新しいことを提案しようとすると「前例はあるのか」「エビデンスはあるのか」とばかり問う人、何かにつけ「所詮は……」「どうせ……」といった枕詞《まくらことば》がつきがちな人など、こうした人は話していると気持ちが萎えるので、正直なところ得意ではありません。

しかし、実際に自分の案を実現に向けて磨いていこうと考えると、これらの指摘は避けて通れないものばかりです。最終的に、あなたから提案を受ける決裁者も、同じような反応をするかもしれません。つまり、**これらの「壁」は、いずれ乗り越えなければならないもの**なのです。

そう考えると、「えいや！」という気持ちで声をかけ、苦手な人とも壁打ちを事前にしておくに越したことはありません。

実は、私たちが「苦手」「嫌い」と感じる相手には、自分とは異なる感性や価値観、信念を持っている人が多いものです。誰でも、自分の持つ価値観や常識を基準に物事を考えがちです。しかし、それは時として、知らず知らずのうちに思考の幅を狭めてしまうことにもなります。そんなとき、あえて自分とは違うタイプの人の視点を借りて、一旦受け入れてみることで、新しい気づきが得られるのです。

もちろん、苦手な相手に声をかけ、話をすることには抵抗があるでしょう。だからこそ、心に余裕があるときを選んで挑戦してみてください。

良い「壁」は行動力で見つけ出す

私が壁打ちをしてみることを勧めた方の中には、「自分の周りには良い壁打ちの相手がいない」と嘆く方がいらっしゃいます。

そのような事情もわかりますが、やはり本気で良い壁打ちをしようと思ったら、**自分から積極的に「遠い人」「苦手な人」にも声をかけにいく行動力が必要ですし、声をかけやすいように、日頃からの人間関係づくりが欠かせません。**いざというときに気軽に声をかけられる関係を普段から築いておかないと、必要になったときから探し始めても難しいのです。

思い返していただくと、「親しい友達にはなれないかもしれないが壁打ちの相手には向いていそうな人」が何人か思い浮かびませんか？

私は他の人から私の交友関係を見て、「なんであんな人と付き合ってるの？」と言われることがあります。この場合の「あんな人」とは、物事に対して攻撃的、批判的、否定的な態度を取りがちな人を指します。確かに、こうした人たちは一般的には好まれないかもしれません。

ただ、彼ら彼女らには、エネルギーがあり、持論もあることが多い。だからこそ、私にはない視点をくれるので、得るものも大きいのです。こうした人たちは、つい否定しがちなのでブレーンストーミング（ブレスト）には不向きかもしれません。

ただ、新しい発想をもたらしてくれることも多く、壁打ちには向いていることもあるのです。

仕事は自分の得意なことだけやっていては、なかなか成果を出せません。自分の得意でないこと、苦手なことを補ってくれる人が必要です。そういった人脈は一朝一夕で作れるものではありませんから、自分の仕事の幅を広げるために、普段から心がけておくことが、大人の仕事術なのではないでしょうか。

「すごい壁打ち」は話の始め方で決まる

第2章では「何から話し始めてもいい」とご紹介しましたが、「すごい壁打ち」では、最初の導入が重要になります。具体的には、以下の3点を相手に明確に伝えることで、より実りある対話が期待できるのです。

①現在の状況
②壁打ちをお願いする意図
③対話への期待

すでにあなたは、これまでの壁打ちを通じて「自分が何に困っているのか」「どんなことを考えているのか」をある程度整理できているはずです。その上で、**どこで思考が行き詰まっているのか、何を突破して次のステップに進みたいの**

かを相手に伝えることで、相手も的確な反応がしやすくなります。

「すごい壁打ち」では、最初の投げかけ方が重要になります。第2章での「頭の中にあることを素直に本音で」話す方法では、意図しない方向に話が進んだり、本題までに時間がかかりすぎてしまったりする可能性があります。

より効果的なアプローチは、**あなたが直面している具体的な課題を、ストレートに伝えること**です。例えば、次のような課題を伝えてみましょう。

「お客さんが本当に望んでいることは何なのかに自信が持てない」
「アイデアはあるが、他にも選択肢があるのではないかとモヤモヤ……」
「実際に進めていく上で、どんな障壁があるかが見えていない」
「社内で提案を通すとき、どんな論点が出てくるか予測できず不安」

ただし、質問の仕方にも工夫が必要です。「どう思いますか?」「どうしたらいいでしょう？」といった漠然とした問いかけでは、具体的な反応を得るのは難しいでしょう。なぜなら、あなたが時間をかけて解決できていない課題に対して、相手がいきなり的確な答えを出せる可能性は低いからです。

そこで、**「今は確信を持てていないのですが、現時点で自分が考えているアイデアは……」**などと伝え、その時点での自分の考えを具体的に示してみましょう。どんな相手でも、具体的な案や選択肢があった方が、意見が言いやすいからです。もちろん、新しい視点や発想を引き出すために「オープンクエスチョン」を使うこともありますが、状況に応じて使い分けることが重要なのです。

大事なのは、**壁打ちの主導権は常にあなたにある**ということです。最初の投げかけも、返ってきた意見への対応も、すべてあなた自身が決めなければ前に進めません。

つまり、**壁打ちとは、自分が主導権を持ちながら、相手の知見も活用して思考を深めていく方法なのです。**だからこそ、その時々の課題に応じて何から話し始めるかが大事なのです。

他人の頭をフルに活かした対話のラリーの法則

テニスの壁打ちと同じように、あなたが投げかける「問い」によって、相手から返ってくる答えは大きく変わります。どんな球を打つか、それはすべてあなた次第なのです。

相手が「壁」である以上、基本的には打った球に応じた球が返ってきます。

強い球には強い球が、弱い球には弱い球が返ってきます。

例えば、具体的に知りたいことがあるなら、「○○について知っていますか？」と直球で聞くのが早道です。

けれども、もし「知らない」という答えが返ってきたら、そこで会話は止まってしまいます。

そんなときは、相手が知っていそうな関連トピックから話を始めて、少しずつ本題に近づいていくのも一つの方法です。直球が通用しないときは変化球を打つようなものです。

具体的な問いかけには具体的な答えが、抽象的な問いかけには抽象的な答えが返ってきます。未来の可能性を探りたいのか、目の前の課題を解決したいのか。アイデアを広げたいのか、絞り込みたいのか。目的に応じて、問いかけ方を工夫してみましょう。

例えば、「ＡＩの活用方法について、どう思いますか？」と聞いても、よほど知見のある相手でなければなかなか良い反応は返ってこないでしょう。しかし、「○○社がこんな使い方をしているんですが、面白いと思いませんか？」と具体例から入れば、相手も応答しやすくなります。

あるいは、「作業効率の悪い部分はどこですか？」「人手が最もかかっている業務は？」「労働集約的な仕事といえば？」など、「ＡＩ」という言葉を出さずに、まず現場の課題から話を始めてみる。そうすることで、より実りある対話が生まれる可能性が高まります。

第2章では「自然な流れに身を任せて」「リラックスして」と書きましたが、「すごい壁打ち」には、頭フル回転で臨みましょう。

以下に、対話のラリーを続ける上で大事なポイントをご紹介します。

反論しない、議論しない

相手が目上の人であっても、自分より経験豊富な人であっても、**必ずしもあなたより正解に近い答えを持っているとは限りません。**いやむしろ、（特に新規性の高いアイデアについては）そこまでそのテーマについて調べたり考えたりしてきたあなたの方が、正解に近いところに近づけていると捉えた方が自然でしょう。

そんなあなたの問いかけに対して初見の相手が返してくる言葉が的を射ていて、すぐに「なるほど！」と感心できることは少ないはずです。逆に「そうじゃなくて……」と言い返したくなることも多いでしょう。

もちろん、共通認識として揃《そろ》えておかないと対話が成り立たなくなるようなことは、その場で訂正したり補足したりする必要がありますが、相手の意見が自分の意見と異なっていたからといって、その場で脊髄反射的に反論したり、どちらが正しいかと議論に進んでしまったりすることは、壁打ちの趣旨に反するのでお勧めしません。

相手が豊富な知識や経験を持っていれば、活発な議論を通じて高い次元の解決策に至ることもあります。しかし、多くの場合、あなたの方がそのテーマについてより深く考え、知識も持っているため、議論モードに入ると相手を言い負かしてしまいがちです。

ここで注意したいのは、**相手を説得することが壁打ちの目的ではないということ**です。「提案を承認してもらう」「依頼を受けてもらう」といった別の目的であれば、説得は有効かもしれません。しかし、壁打ちで本当に価値のある気づきを得るためには、異なるアプローチが必要です。

「すごい壁打ち」で重要なのは、相手から異なる意見が出てきたときの対応です。

- 「なぜそう思うのか?」と、相手の考えの背景を探る
- 現状認識の違いを見つける
- 前提条件の捉え方の違いを理解する
- 価値観の違いを言語化する

相手と自分でどこに違いがあるかを丁寧に解き明かすことで、あなたのアイデアをより強固なものにする貴重な材料が得られるのです。

▼▼▼ネガティブな反応は宝の山

「それは実現困難だ」と言われた新規事業が、その後高い収益性を持つようになったという例があります。確かに手間はかかる。でも、その手間を厭《いと》わずに取り組める企業だからこそ、他社には真似《まね》のできない価値を生み出し、高い収益を上げることができたのです。

実際、多くの成功企業も最初は「そんなの無理だ」というネガティブな反応に直面しています。ただ、何が壁なのかを知り、その壁を乗り越えたからこそ、大きな成果を上げることができました。

このように、**自分の案への厳しい指摘は、実は貴重な気づきの機会なのです。**

確かに「いいね」「なるほど」「面白い視点だね」といった支持や共感の言葉は心強いものです。しかし、現状の案のどこかに課題があると自分自身も感じているなら、あえて厳しい意見を言いそうな人を選ぶ勇気が必要です。

ネガティブな反応とは、「それは難しそうだね」「かなり面倒そうだ」「そこまでする意味があるの？」「過去に例もないし」といった、課題や懸念を指摘する言葉です。こうした反応を受け止め続けるのは辛《つら》いものですが、実はここにアイデアを磨き、強くする重要なヒントが隠れています。

「それは難しそうだ」という指摘を受けたら、その難しさを乗り越えることで生まれる独自の価値を考える。「面倒そう」と言われたら、その手間を厭わないことで創出できる他にない強みを探る。「何が難しいのか」「どう面倒なのか」と掘り下げて問い返すことで、新たな可能性を見出す。このように、捉え方次第でネガティブな反応も宝の山に変わり得るのです。

逆に、最初から「いいね！」と簡単に賛同される案は、意外と対価を得にくかったり、模倣もされやすかったりするため、大きな成果に繋がりにくい傾向があります。

つまり、ネガティブな反応から目を背けたり、それを拒絶したりせず、そこに含まれる示唆を丁寧に読み解いてこそ、より強いアイデアへと発展させることができるのです。

▼▼▼落としどころを意識しすぎない

通常の仕事の会議や打ち合わせでは、限られた時間の中で「結論をどうまとめるか」という「落としどころ」を意識します。残り時間を見計らいつつ、「今日のところはどこで着地させようか」と考えながら進行させるのは、大事なビジネススキルの一つです。

そういうことができる方は、壁打ちを行う中でも、終わりの時間を気にして、広がっていきそうな話にも歯止めをかけたくなりがちです。しかし、**そもそも壁打ちは一度行ったとて結論が出るような話ではありません。むしろ最後にまとまりきらなくても、話を存分に広げていった方が得られるものが大きいのです。**

これは、アイデアを出し合うブレストと似ています。「自由に発想を拡散させる」という基本ルールはブレストと同じです。ブレストは通常、複数人で行いますが、壁打ちは二人でするブレストのような側面もあります。

　下手に時間制限の中で言葉をまとめてしまうよりも、途中で時間切れになったとしても、最後までその時間を存分に使い切りましょう。

　そこで出た話をどう解釈して次に活《い》かすかは、その壁打ちを終えた後で一人で考えれば十分です。二人で言葉のラリーをする時間を最大限有効に使いましょう。

対話自体を楽しむ

　先行きが見えない時代になり、多くの組織で「新しい発想」の重要性が指摘されています。しかし、似た考えを持つ人たちだけが集まっていては、新しいアイデアは生まれにくいものです。革新的な発想は、異なる視点や経験を持つ人々が出会うところから生まれるのです。

　現代社会では、同じような考えを持つ人々だけで小さなグループができやすい傾向にあります。ＳＮＳの普及も、この傾向を強めているかもしれません。

確かに、価値観が近い人々だけで物事を進める方が楽かもしれません。ただ、それでは新しい価値を生み出すチャンスを逃してしまうかもしれないのです。

壁打ちはまさに、この「異なる視点との出会い」を生み出す実践です。特に「距離の遠い人」との壁打ちでは、思いもよらない気づきが得られることがあります。

本書の冒頭でもテニスの壁打ち練習に準えて考えてみましたが、平らな壁に向かって打つ場合、球は予想通りの方向に返ってきます。一方、**「距離の遠い人」や「異なるバックグラウンドを持つ人」との対話は、凸凹のある石垣に球を打つようなものです。**返ってくる球の向きや強さを予測することはできません。

しかし、その予想外の返球こそが新しい発見をもたらしてくれます。だからこそ、**思いがけない展開を楽しむ心の余裕が大切なのです。**

対話が思わぬ方向に進んでも、しばらくはその流れに身を任せてみましょう。「それはどういう意味ですか？」と質問を投げかけ、相手の考えをさらに引き出してみる。そうすることで、自分では思いもよらない気づきを得られることがあります。

壁打ちの中で相手が自分とは違う視点で物事を見ていたり、異なる価値観を持っていたりすることに気づく。そんな「違い」との出会いが、あなたの視野を大きく広げるきっかけになります。

自分と異なる考え方に出会ったとき、まずはそれを素直に受け止めることから始めましょう。ただし、すべてに同意する必要はありません。「なるほど、そういう考え方もあるのですね」と理解を示すだけで、対話を続ければ良いのです。

異なる考えに触れることで、むしろ自分の考えの軸が見えてくることもあります。「これが自分の信念だ」と思い込んでいたものが、実は表面的な思い込みだったと気づくこともあるでしょう。

自分の考えが間違っていたと気づいたときには、それを素直に認める勇気も必要です。自分が変わる可能性を受け入れる心構えがなければ、壁打ちの価値は半減してしまいます。

壁打ちという小さな実践を通じて、多様な考え方との出会いがもたらす効果を実感できれば、普段の仕事の進め方も変わってくるはずです。まずは身近な人との壁打ちから始めて、少しずつ自分の世界を広げていきましょう。

第4章

悩みをうまく聴ける「壁」になる

良い壁打ちができる人は良い「壁」になれる人でもある

本書を手に取った方の中には「普段から相談を受けることが多い」という方も少なくないでしょう。また、これまでの内容を読んで「自分も壁役として誰かの話を聞く側にまわってみたい」と感じた方もいるかもしれません。ここまでは、壁打ちを「持ちかける側」の視点から説明してきました。しかし、対話には常に二つの立場があります。

そこで本章では視点を変えて、「受ける側」の心構えについてお話ししていきます。どうすれば相手の悩みの解決に寄与できる良い「壁」になれるのか。その具体的なヒントをご紹介していきましょう。

この「受ける側」の視点は、実は自分が「持ちかける側」になるときにも重

要な気づきをもたらしてくれます。なぜなら、対話における二つの立場は表裏一体だからです。相手の立場に立って考えることで、自分が持ちかける際のヒントも見えてくるはずです。

受ける側にとって、相手が「壁打ち」を理解した上で声をかけてくるケースは必ずしも多くありません。むしろ大抵の場合、悩みや課題を抱えた人が、まずは相談や助言を求めてくることの方が一般的です。

簡単には答えを出すのが難しい、安易に助言すべきでないと思ったら、相手の状況や気持ちを丁寧に確認することから始めましょう。その上で、建設的な対話へと自然に導いていくのです。その際、「壁打ち」という言葉を使う必要はありません。

ただ、対話を始める前に、いくつかのポイントを伝えておくといいでしょう。具体的には、次の四つです。

①思いついたことを何でも自由に話していいこと
②順序立てて完璧に説明する必要はないこと
③必ずしもこの場で具体的な結論が出るわけではないこと
④自分はただ聞き役に徹するだけかもしれないこと

「私に良いアドバイスができるかどうかはわからないし、すぐに解決策が見つかるわけでもないと思うけど、とりあえず話を聞くくらいならできるよ。少し話してみない？」

このくらいの言葉をかけてあげると、相手は気軽に話し出しやすくなります。もちろん、この誘いかけに相手がどう応じるかはわかりません。けれども、多くの人は「話を聞いてもらえるだけでもありがたい」と感じるものです。

相手が自然に話し始めたら、あとはリラックスして「壁」の役割を果たして、相手が投げかけてきた言葉に自然な形で返していけばいいのです。

良い「壁」のお手本として、私はいつも「常連客に愛されるスナックの人気

のママさん」を例に挙げています。

人気のママさんが必ずしも、容姿端麗で話上手で歌がうまいとは限りません。ただ、**多くの人気のママさんに共通している特徴があります。それは「聞き上手」です。**常連のお客さんは、自分の話を聞いてもらいたくて通ってきます。

実は、ママさんがしていることはとてもシンプルです。「へー、そうなんだ」「ほんとに？」「大変でしたね」「なるほどね」といった、ごく普通の相づちがほとんどです。たくさんのお客さんの相手をするママさんが、一人ひとりの話を熱心に聞いて、悩みに対して適切な助言をしているとは限りません。

むしろ、**過剰なお世辞や励ましよりも、このシンプルな「聞く」という姿勢の方が、お客さんには心地よいのです。**だから帰り際に「ママ、今日もありがとう。少しすっきりしたよ。また来るよ」という言葉がお客さんの口から自然と出てきます。「話を聞いてもらえる」ということ自体に、大きな価値があるのです。

考えてみれば面白いことですが、社会的に成功した立派な人の講演でも参加費を払うとなると躊躇《ちゅうちょ》する人は少なくないものですが、自分の話を聞いてもらうためなら、喜んでお金を使う人は多いのです。

ビジネスの世界でも同じことがいえます。優秀な営業職の多くは、実は話し上手というより聞き上手です。商談の場で、お客さんが話し続け、営業職はうなずいているだけという場面はよくあります。だからこそ、その後に的確な提案ができ、お客さんからの信頼を得られるのです。

壁打ちの相手になるということは、つまり「聞き上手」になるということ。この姿勢は、思いがけない効果をもたらします。

組織の中で「聞き上手」と評価されると、自然と人が集まってきます。さまざまな人があなたに話を持ちかけ、普段は耳にできないような情報まで自然と集まってくるようになります。良い「壁」となれれば、自分が壁打ちを持ちかけるときにも喜んで「壁」となってもらえるでしょう。

ただ「壁」として存在するだけで、こんなにも多くの効果が得られるのです。

ぜひ、この役割を大切にしてください。

そしてもちろん、このような声かけをされるのは、あなたに信頼があってこそです。自分の困りごとを吐露することは、ある意味自分の弱みを見せることでもあります。心理的安全性が担保され、信頼関係があってこその壁打ちです。決してテクニックに走らず、良い「壁」を目指してください。

▼▼▼聞き上手が実践している三つの「きく」

何か困りごとを抱えた相手に喜んでもらえる「聞き上手」な「壁」になるためには、**三つの「きく」を意識しておくと良いでしょう。**

まず最初は「聞く」です。

あまり構えずに自然体で相手の話を聞くことで、相手がリラックスして自由に話せるように心がけます。

次に意識すべきは「聴く」です。

耳を傾けて熱心に聴くことを意味する「傾聴」にも使われている通り、相手の抱える悩みやアイデアをより深く知るために、少し身を乗り出して、しっかり耳を傾け、話を聴きましょう。


最後に「訊《き》く」です。

相手の思考を整理し、掘り下げて考えるきっかけを作るために「問い」を立てていきましょう。では、具体的に3つの「きく」を実践するためにできることとは何か。ここからは、すごい「壁」になるためのポイントをご紹介します。

フラットな「壁」に徹する

▼▼▼待つ

「壁」にとって最も大切なことは、相手が話し始めるまで「待つ」ことです。

空白の時間は大抵の場合居心地が悪く、つい自分から話し始めたくなりますが、できるだけ相手の言葉を待ちましょう。

もし先に「壁」から話し始めると、それは壁打ちではなく、「質問と回答」になってしまいます。最悪の場合、「尋問」のようになりかねません。

相手から話が出てこないときは、「どうしたの？」「最近どう？」「元気にしてた？」といった、漠然とした声かけをするのが良いでしょう。具体的な内容には踏み込まず、ゆっくりと反応を待つのです。

相手が本当に話したいことを引き出すために、「待つ」は壁打ちを受ける基本姿勢です。

▼▼▼遮らない

相手が話し始めたら、その流れを止めないようにしましょう。「うんうん」「それで？」「なるほどね」といった短い相づちを打つ程度が適切です。時には、穏やかな表情でうなずくだけでも十分です。

ここで気をつけたいのは、自分の好奇心から質問したくなってもまずは我慢することです。また、「私も同じような経験があって……」と自分の話を始めることも避けましょう。それが共感を示すためであっても、今は相手の話に集中するときです。

さらに、この段階で助言をするのも控えめにします。助言は、対話のラリーがある程度進み、相手が思う存分話しきった後に取っておきましょう。まずは「壁」として、相手の言葉を受け止めることに徹することが大切です。

▼▼▼促す

「待つ」「遮らない」という二つの方針を守っていると、時折問題が生じることもあります。それは、相手がうまく自分から話せない場合です。誰もが、すらすらと自分の思いや抱える悩みを話せるわけではありません。

話したいが、モヤモヤとした気持ちの整理がつかず自分では考えがまとまらない、そもそも何に悩んでいるのかさえはっきりしない、だからこその壁打ちです。ただ相づちを打って聞いているだけでは、十分な対話にはならないことも珍しくないはずです。

そのため、時には「促す」必要があります。

最も簡単な方法は、5W2H（When, Where, Who, What, Why, How, How much）に基づく質問です。「いつ頃?」「どこで?」「誰と?」といった具合に、テンポよく質問していきます。

ただし、**「なぜ?」という質問は後回しにしましょう。**理由を問われても、相手が答えられないことも多いからです。これは考えてみれば当たり前の話で、「なぜそれができないのか」「なぜ考えがモヤモヤとしてまとまらないのか」がわからないからこそ、壁打ちをしているのです。たとえ「なぜ?」を聞くときでも、「なぜなんだろうね」くらいの柔らかい言い方が良いでしょうし、「例えば○○だから?」と例を出して手を差し伸べてあげましょう。

▼▼▼話しにくそうなときは時系列に

それでも相手が話しにくそうにしているときは、時系列で整理していくのが効果的です。きっかけとなった出来事から、現在に至るまでの流れを一緒にたどっていきます。

多くの場合、現在の状況だけを見ていると整理が難しいものです。でも、これまでの経緯を丁寧に振り返ることで、今の状況がより理解しやすくなります。

▼▼▼否定しない

時には、相手の話に賛同できないこともあるでしょう。しかし、その場で否定したり反論したりするのは避けましょう。

とはいえ、どんな人にも共感できない話があることも事実です。無理に共感を装う必要はありません。むしろ、そのような態度は不自然に映りかねません。相手の思いや気持ちをただ受け止める、それで十分なのです。

思考を深める「問い」を立てる

相手が話し始めたら、まずは「壁」として静かに受け止める役に徹しましょう。相手の思いや考え、悩みに耳を傾け、それらを整理していく、この「聞き役」の段階が、良い対話の出発点となります。

十分に話を聞いた後に、今度は適切な「問い」を投げかけることで、相手の思考をさらに深めるサポートができます。**効果的な「問い」は、相手の気づきを促し、新たな視点をもたらしてくれます。**

以下に、対話を深める代表的な「問い」をご紹介します。

▼▼▼相手の状況や意図を確認する問い

今相手がどんな状況にあって、何に困り、何を期待して壁打ちに臨んでいるのかを確認しながら進めましょう。より適切な球の返し方を考えやすくなります。

ただ、相手が自分で自分の状況や思いをちゃんと認識できているとは限りません。相手の回答が必ずしも本当であるかどうかはわからないと思っておいた方が良いでしょう。本人が状況をきちんと認識できていないこともあれば、見栄や虚勢を張ることもありますし、無意識の嘘《うそ》をついてしまう場合もあります。

そんなことも見越しながら、「壁」として相手の思考の輪郭が確認できるように問いを重ねます。

▼▼▼目的にフォーカスする問い

壁打ちは、そもそもどこまでやったらゴールかという決まりがありません。基本的には、持ちかける側の人が「しっくりきた」「すっきりした」「納得した」となれば、ゴールだと思っていいのですが、それがどんな状態なのかをもう少し具体的に言語化しておくことをお勧めします。

壁打ちは同じ人とでも何度も繰り返しやっていいものですが、何を目指してやっているのかが見えなくなってくると、対話の内容が堂々巡りになったり、しまいにはただの「雑談」になってしまったりすることもあります。

そのため、**「この壁打ちによって何を得たいと思っているのか」を、最初のうちに相手に確認しておくといいでしょう。**

気持ちを起点に整理するのもお勧めです。「壁打ちを終えたときにどんな気持ちになっていたいか」から対話を始めてみるのはどうでしょうか？

▼▼▼思考プロセスをたどる問い

相手が今の考えにたどりつくまで（もしくはモヤモヤ状態になってしまうまで）には、すでにさまざまな思考プロセスを経てきているはずです。そのプロセスを一緒に疑似体験することで、相手と目線を合わせましょう。

話を聞きつつも相手とは一定の距離を保って俯瞰《ふかん》した目線を持つことで、相手と同じ隘路《あいろ》に迷い込むことを避け、壁としての役割を果たします。

▼▼▼具体化する問い・抽象化する問い

何か混沌《こんとん》とした課題を解いていくための糸口を探るには、「具体化」と「抽象化」を行ったり来たりしながら思考を深めていくことが有効です。

しかし、多くの悩みを抱える人は、具体的な課題は具体的なまま、抽象的な言葉を抽象的な言葉のまま解こうとします。これでは混迷を深めるばかりでなかなか打開策が見出《みいだ》せません。

「壁」の役目は、抽象的な話に終始しがちであるならば具体的な話に、具体的な話に終始しがちであるなら抽象的な話に、転換を図る問いを立てることです。

・それって具体的には、どんな商談の中で起きているの？（抽象↓具体）
・それって具体的には、誰からそんな話が出ているの？（抽象↓具体）
・つまりそれは、ミスマッチが生じているということ？（具体↓抽象）
・つまりそれは、リスクの許容度を越えているということ？（具体↓抽象）

こういった問いを立てていくことで、相手の頭の中を少しずつ整理していきます。

▼▼▼選択肢を挙げてもらい確認する問い

相手の人が自分なりに考えをまとめつつあるときには、その考えに至る過程の中で他にどんな選択肢があったのか、今の選択肢をなぜ採ったのかを問うといいでしょう。

他の選択肢もあった上で、あえて今の考えにたどりついているようであれば、その理由を確認することで、相手が何を大事にし、何を優先して考えているのかが確かめられます。

相手が大事にしているものや判断の基準にしていることが話し手の中であらためて言語化できれば、その後に迷ったときの指針になります。

また、他の選択肢は考えず、無自覚に今の考えに至っているようであれば、他にも選択肢があることに気づいてもらえます。

「自分の思い込み」という枠を外して俯瞰することで、あらためて選択肢を認識してもらうことは、一人でやるのはなかなか難しいので、そこは「壁」の良い出番なのです。

▼▼▼問題を切り分けた上でフォーカスする問い

複雑な問題に直面したとき、私たちはそれを一つの大きな固まりとして捉えてしまいがちです。しかし、答えが見つけにくい問題の多くは、実はいくつもの要素が絡み合ってできています。

「壁」としての重要な役割の一つは、相手が抱える問題を適切な大きさに分解する手助けをすることです。例えば、次のような「問い」を投げかけることで、問題の整理を促すことができます。

「さっき出た○○の話と、××の話はまた別の問題ということですか?」

「それぞれの課題の性質は、少し違うように思うのですが、いかがでしょう?」

「どうも二つの問題が絡み合っているようですね」

「この二つ以外にも何かありそうですか?」

このように問題を分類し、一つひとつ切り分けていくと、次は優先順位を考える段階に進めます。ここでは、以下のような問いが効果的です。

「これらの課題の中で、最も解決が急がれるものは何でしょうか？」
「あなたが最も大切にしたい、譲れないポイントはどこですか？」

こうした問いかけを通じて、相手は自然と「何から、どのような順番で取り組むべきか」という道筋に気づいていくことができます。複雑な問題も、分解して優先順位をつければ、一つひとつ着実に解決しやすくなるのです。

▼▼▼真意を確認する問い

対話の中で相手が使う言葉や表現に、時として「何か引っかかり」を感じることがあります。基本的には相手の話の流れを重視するため、細かな確認は控えめにしますが、より深い対話を目指すなら、むしろこの「引っかかり」こそが重要なヒントになります。

なぜなら、その「引っかかり」の中に、問題を解く重要な手がかりが隠されていることが多いからです。ただし、話の流れを途切れさせないために、気になった表現はメモに書き留めておき、適切なタイミングで確認するようにしましょう。確認の仕方も、「って言うと?」といった軽い問いかけから始めると自然です。

私が壁になるときに注意しているのは、次のような表現です。

①外来語や新しい概念を表す言葉

例えば「コミット」という言葉一つとっても、「全力を尽くすこと」と考える人、「結果を約束すること」と捉える人、「責任を持つこと」と理解する人など、人によって解釈が大きく異なります。

同様に「ウェルビーイング」や「イノベイティブ」といった言葉も、人によって異なる意味で使われがちです。言葉の意味を知っているかどうかではなく、相手の真意を探るためにその意図を確認してみましょう。

②抽象的な価値判断を含む表現

例えば、「真の〇〇」といった表現が出てきたら要注意です。これも人によって捉え方が異なる言葉だからです。

「あなたの考える『真の〇〇』とは、具体的にどういうものですか?」「現状のどんな点が『真』ではないとお考えですか?」といったように、言葉の意味を丁寧に確認していくことで、相手の本当の課題や悩みが見えてくることがあります。表面的な言葉の使い方で理解したつもりにならず、相手の真意をしっかりと掘り下げていきましょう。

相手の思考をゆさぶり、気づきを与える「すごい壁」の問い

壁打ちをテニスにたとえると、最初はただ球を跳ね返す「フラットな壁」でした。その先に進んでいくと、「壁」からも「問い」を交えて球を返すようになり、ラリー

が始まります。いわば「ヒッティングパートナー」のような存在になっていくのです。

そしてさらに相手の成長を支援しようとすれば、相手の強みや弱みも理解した上で、意図を持って試合形式で球を打ち返していくことになります。

そこで意識したいのが、**相手の思考を「ゆさぶる」ということ**です。普段とは違う視点を投げかけることで、相手の中に新しい発見を促すのです。それには、真っすぐな返球だけでなく、時には意図的に変化をつけた球を打ち返すことも必要になります。

以下に、相手をゆさぶるための問いかけの例をいくつかご紹介します。

▼▼▼視点を変えて新しい可能性を示す

真面目に、熱心に考える人ほど、どうしても視野が狭くなりがちです。特に、自分の考えが周りになかなか受け入れられないことが続くと、「なぜわかってもらえないのか」と自分の視点に固執する傾向が強まってしまいます。**そんな**

とき、「壁」となるあなたに求められることは、異なる立場からの視点を投げかけることです。具体的な例をご紹介しましょう。

例えば、新商品や新サービスの企画の話なら、お客さんの立場になって返球するのが代表的な視点の転換です。「顧客視点」の大切さは誰もが知っているはずなのに、実際には自社の都合で考えてしまいがちです。簡単そうで実は難しいこの視点の転換、それこそ「壁」の重要な役割です。

上司や役員会への提案の準備をしている方に対しては、承認する側の視点に立ってみましょう。「決裁者はどんな点が気になるだろう」「判断する上で何に迷うだろう」という観点から球を返します。それはあたかも起案のリハーサルやロールプレイングのような壁打ちになるでしょう。

社内のＤＸ推進や人事制度変更といった企画検討の場合なら、その影響を受ける部署の立場に立って考えます。「現場の人たちはこの変更をどう感じるだろう」「どんな不安や抵抗があるだろう」という視点で球を返していきます。

このときの「壁」は、まるで役者になったように、その立場に徹して返球することが大切です。もちろん、なりきるためには、さまざまな立場の人の気持ちを想像できるだけの経験が自身に必要になります。どれだけ多様な視点を提供できるかが、「壁」としての実力を示す一つの指標となるのです。

ただし、当事者でない限り、これでたどりつくのはあくまで「仮説」の状態です。最後には「実際にその立場の人に直接話を聞いてみては？」というアドバイスをすることで、より具体的なアクションに繋《つな》げていくことができます。

▼▼▼前提を変えて固定観念を外してあげる

誰でも、行き詰まって「もう道はない」「八方塞がりだ」と感じてしまうと、そこから抜け出すのが難しくなります。相手なりに真剣に考え抜いた結果であれば、壁打ちをしたからといって、すぐに答えが見つかるわけではありません。

ただし、突破口を探すための方法はあります。それは、**「前提条件を変えてみる」**というアプローチです。

例えば、新製品開発の場面を考えてみましょう。技術面、コスト、販路、価格、コンプライアンス、アフターサービスなど、さまざまな課題が想定されます。これらすべてを一度に解決するのは困難です。

けれども、**「仮に技術的な問題がクリアできたとしたら……」「アフターサービスが不要だとしたら……」というように、一つずつ前提を変えて考えてみる**のです。これを繰り返すことで、「どの問題を最初に解決すべきか」「どの部分の課題を解消することが突破口になりそうか」が見えてくるかもしれません。

高齢者見守りサービスの企画開発を例に考えてみましょう。

発端は、「離れて暮らす高齢の親が心配。何か見守る方法はないか」というニーズでした。このサービスは、「一緒に居られない不安を解消したい」という子ども世代を利用者に想定して開発が進められていきました。

しかし、あるとき議論に参加していたメンバーから素朴な疑問を投げかけられました。

「そもそも高齢者は、見守られたいと思っているのだろうか？」

これは重要な問いかけです。確かにサービスを使う側（子ども世代）にとっては価値があるかもしれません。ところが、サービスを受ける側（高齢者）にとって、本当に嬉《うれ》しいサービスかどうかは別の問題です。

このように、**「誰にとっての価値か」という前提条件が抜け落ちてしまうことは、案外多い**のです。もし早い段階で前提を疑える人との壁打ちをしていれば、違う検討の方向があったかもしれません。

一見良さそうに見える企画でも、視点を変えた壁打ちによって、重要な気づきが得られることがあるのです。

一人で考えていると、どうしても前提条件を固定的に捉えがちです。だからこそ「本当にそれは絶対変えられない前提条件なのか？」と問いかけることは、「壁」の重要な役割なのです。

「必ず自社だけでやる必要はあるのか」「いっそのこと無料で始めてみる手は

ないか」「全社一斉ではなく、段階的に進めてはダメなのか」。こうした問いかけによって、自分の思い込みで視野を狭めていたことに気づくこともあります。

▼▼▼「なぜ？」を確認して本質に迫る

相手の話を聞いていて違和感を覚えたり、腑《ふ》に落ちなかったりするとき、そこには大切なヒントが隠れているかもしれません。**すぐに否定するのではなく、「なぜそう考えるのか」を丁寧に探っていきましょう。**

最も簡単な問いかけは「それは、どういう意味ですか？」です。もっと砕けた言い方であれば「って言うと？」でもいいでしょう。それだけで、相手が「なぜそう思うのか」という考えの背景を説明してくれることもあります。

もっと具体的に聞くなら、「最初から黒字化が必須なんですか？」「それは顧客が求める絶対条件なんですか？」といったさらに深くつっこんだ質問も効果的です。そうすることで、「いいえ、初年度から黒字にできればそれに越したことはないんですが、個人的にできればそうしたいと思っているだけで……」「実は、顧客からは明確には言われていなくて、たぶん絶対条件は〇〇なことだけかと」といった答えが返ってくるかもしれません。

二つの印象的な壁打ちの経験をお話ししましょう。

一つ目は、東京で順調なキャリアを築いていた人が、実家のある北陸に拠点を移そうとしたときの話です。

その人は北陸での新規事業のアイデアについて相談に来て、「どんな事業なら成功するか」というアドバイスを求めていました。

ところが私は、事業プランそのものではなく、「なぜUターンしようと思ったの?」「何を実現したいの?」と問いかけました。拠点を変えるのは大きな決断です。その根本的な理由が明確でないまま、表面的な事業アドバイスをしても意味がないと考えたからです。

実は、壁打ちに慣れていないと、相手に「教えてほしい」と求められたことに直接答えたくなってしまいがちです。けれども、その課題については相手の方がすでに深く考えているはず。むしろ、**その背景にある本質的な問いを投げかける方が有効な場合も多い**のです。

もう一つの例は、発展途上国の感染症対策に関する事業の相談です。

このとき私は「本当に発展途上国の政府は、その感染症対策に積極的なのでしょうか？」と問いかけました。「もしかしたら、ある程度の死者数は避けられないと考えているかもしれない」「どこまでコストをかける意思があるのか」といったことを確認しながら検討を進めた方が良いと考えたのです。

この問いかけをきっかけに、その人は各国大使館へのヒアリングを始めることになりました。表面的な事業プランの検討ではなく、より本質的な課題の探索に向かったのです。

このように、本当に外せない条件と、単なる思い込みで設定している制約を、少しずつ切り分けていく。それが「壁」としての重要な役割なのです。

▼▼▼異なる選択肢を示して条件を整理する

相手がすでにさまざまな選択肢を検討した末に行き詰まっているときには、新たな可能性を示唆するのも「壁」としての一つの役割です。

誰でも、まずは自分の思考の枠組みの中で選択肢を探すものです。だからこそ、全く異なる視点からの提案が、新しい展開のきっかけになることがあります。

まずは、相手がこれまでどんな選択肢を考え、なぜ今の選択に至ったのか、そのプロセスを丁寧に聞いてみましょう。

例えば、開発中の新製品を自社の営業部門にいかに説明し、巻き込んでいくかで悩んでいる場合を考えてみます。具体的には、セールスポイントを検討し、さまざまな部署と折衝を重ねても、どこからも良い反応が得られない、という悩みを例に考えてみましょう。

そんなとき、「自社の営業ルート以外の選択肢はありませんか?」「代理店開拓は検討されましたか?」「ECサイトでの直販という道も……」といった具合に、新たな可能性を投げかけてみるのです。自社営業部門での展開を前提にしていた相手にとって、これは意外な視点かもしれません。**難しい課題は正面突破をするだけでなく、迂回《うかい》する選択肢も考慮すべきなのです。**

もちろん、こうした提案がそのまま採用されることは稀《まれ》です。しかし、それ自体は問題ではありません。**さまざまな選択肢を示すことで、相手の中で「絶対に譲れない条件」と「実は変更可能な条件」が整理されていく。それこそが、この対話の真の目的なのです。**

最初は「こちらの事情もわからないのに、勝手なことを言っているな」と思われるかもしれません。

それでも、相手の反応を受けて「では、○○は絶対条件なのですね？」「△△にはこだわりたいということでしょうか？」と問いかけを重ねていく。

すると「そう言われてみれば、必ずしもそうではないかも……」「確かに、そこは譲りたくないです」といった気づきが生まれ、新たな打開策が見えてくることがあるのです。

▼▼▼ 大胆な目標設定で自由な発想を取り戻す

例えば、「来期の売上を2割増やす企画を考えろ」という課題を抱えた相手が、壁打ちを持ちかけてきたとします。その人にとって、「2割増」というのはそう簡単に実現できることではなく、何からどう考えればいいのか、暗中模索の最中《さなか》にあるとしましょう。

こうした難しい目標設定に対しては、通常の壁打ちの手法で進めても、なかなか突破口が見えづらいものです。**そんなときは、あえて極端な発想の転換を促してみましょう。**例えば、「2割増」を「10倍」に置き換えて、「もし売上を10倍にするとしたら、どんな方法が考えられますか?」と問いかけてみるのです。「生産性向上」という課題を「アルバイトだけで運営するには」と考えたり、「シェア拡大」を「業界ナンバー1になるには」と置き換えたりすることもできます。

なぜ、これが効果的なのでしょう?「2割増」という目標だと、どうしても現状の延長線上で考えがちになります。既存の方法を少し改善する程度の発想に留《とど》まってしまうのです。しかし、現場ではすでにさまざまな改善を重ねているため、そこからさらに2割増やすのは簡単ではありません。

一方、「10倍」という非現実的な目標を大胆に掲げると、従来の方法では絶対に達成できないことは明らかです。そこで初めて、「単価を3倍にする」「代理店網を新規開拓する」「ECに参入する」「海外展開を始める」といった、これまでの枠を超えた新しい発想が生まれてきます。

もちろん、これらを壁打ちの後、すぐに実現するのは難しいでしょう。けれども、未来を見据えたとき、「今から着手しておくべきこと」が見えてくるかもしれません。

ここでの「壁」の役割は、相手の思考を固定観念から解き放つこと。日常的な思考の枠から飛び出し、自由な発想ができるよう促すことです。

時として、この「極端な目標設定」という方法が、そのきっかけになるのです。

▼▼▼あえて突き放して覚悟を決めさせる

さらに踏み込んだ「ゆさぶり」として、**相手が思わず感情的に反応してしまうくらいに、率直で極端な意見をぶつけてみる方法があります。**時には敵対的とも取れる意見を投げかけることで、新たな反応を引き出すのです。

「案じるより先に、直接相手に聞いてしまえばいいんじゃないですか？」
「もう社長に直談判《じかだんぱん》するしかないのでは？」
「実際に市場に出して、お客さんの反応を見てみては？」
「そこまで迷うなら、いっそ中止した方がいいんじゃないですか？」

こういった言葉に、相手は「それができれば苦労はしないんですよ」と反発するかもしれません。

それでも実は、本人も薄々気づいているものの、一歩を踏み出す勇気が持てずにいるだけかもしれないのです。

郵　便　は　が　き

料金受取人払郵便

新宿北局承認

9197

差出有効期間
2026年4月
30日まで
切手を貼らずに
お出しください。

169-8790

174

東京都新宿区
北新宿2-21-1
新宿フロントタワー29F

サンマーク出版愛読者係行

ご住所	〒　　　　都道府県	
フリガナ		☎
お名前		(　　　)
電子メールアドレス		

ご記入されたご住所、お名前、メールアドレスなどは企画の参考、企画用アンケートの依頼、および商品情報の案内の目的にのみ使用するもので、他の目的では使用いたしません。
尚、下記をご希望の方には無料で郵送いたしますので、□欄に✓印を記入し投函して下さい。
□サンマーク出版発行図書目録

1 お買い求めいただいた本の名。

2 本書をお読みになった感想。

3 お買い求めになった書店名。

市・区・郡　　　　　町・村　　　　　書店

4 本書をお買い求めになった動機は?

・書店で見て　　　・人にすすめられて
・新聞広告を見て(朝日・読売・毎日・日経・その他=　　　)
・雑誌広告を見て(掲載誌=　　　)
・その他(　　　)

ご購読ありがとうございます。今後の出版物の参考とさせていただきますので、上記のアンケートにお答えください。**抽選で毎月10名の方に図書カード(1000円分)をお送りします。**なお、ご記入いただいた個人情報以外のデータは編集資料の他、広告に使用させていただく場合がございます。

5 下記、ご記入お願いします。

ご職業	1 会社員(業種　　　)　2 自営業(業種　　　) 3 公務員(職種　　　)　4 学生(中・高・高専・大・専門・院) 5 主婦　　6 その他(　　　)		
性別	男・女	年齢	歳

ホームページ http://www.sunmark.co.jp　ご協力ありがとうございました。

誰かが代わって、自分の思いを口に出してくれることで、「やるしかない」という決意が固まることもあります。それもまた、「壁」としての重要な役割の一つなのです。

「壁」の最も重要な役割は大切なことに気づかせること

「壁」としての振る舞い方は、相手、状況、取り組むテーマなどによって、それぞれ異なります。どんな球を返すべきか、その判断は極めて難しく、良かれと思って返した球が必ずしも効果的とは限りません。

だからこそ、さまざまな試行錯誤を重ねて、「壁」としての経験を積み重ねていく必要があります。実際に数多くの壁打ちを経験することが、「壁」としての唯一最善の成長方法なのです。

ここで一つ忘れてはならないことがあります。
それは、どれほど経験を積んでも、常に謙虚な姿勢を保ち続けることです。
なぜなら、「壁」はあくまでも「壁」であり、主役は常に相手だからです。
その壁打ちが相手にとって有益だったかどうか、それだけが評価基準となります。

また、どれほど経験を積んでも、「壁」にできることには限界があります。
最後は相手自身が考え、決断し、行動を起こすしかありません。「壁」にできるのは、そのプロセスを支援することだけなのです。

そんな「壁」の究極の役割は、次の二つに集約されます。

▼▼▼「北極星」を見つけてもらう

道しるべのない荒野で迷ったとき、人は北極星を探すといいます。その星さえ見つけられれば、正しい方向に進み続けることができるからです。

人が悩みの中で迷っているときも同じです。さまざまな要素が複雑に絡み合い、考え続けているうちに「そもそも自分は何を目指していたのか」さえわからなくなってしまうことがあります。

そんなとき、「壁」の最も重要な役割は、その人なりの「北極星」を見つける手助けをすることです。たとえあなたがずっと寄り添えなくても、相手が自分の足で歩んでいかなければならなくなっても、その人にとっての「北極星」さえ見えていれば、大きく道を外すことはないでしょう。

ドラマにもなった『半沢直樹』や『下町ロケット』などの作者である池井戸潤さんの作品でよく見る場面があります。

さまざまな困難に直面して悩む主人公に、身近な誰かが「あなたにとって○○が一番大切だったんじゃないの？」「それで本当に納得できる？」と問いかけるシーンです。これこそが「北極星」を示す言葉であり、主人公はその一言で本来の自分を取り戻すのです。

時には何気ない夫婦の会話の中にも、こうした気づきのきっかけが隠れています。その意味で、**日常の中にも「壁打ち」の達人は存在するのかもしれません。**

世の中は複雑で、自分の気持ちさえ摑《つか》みにくくなるときがあります。人は常に確信が持てず、迷い続けます。それでも前に進むためには、何か道しるべとなるものが必要です。

その道しるべを見つける手助けをすること。それが「壁」の最も大切な役割なのです。

▼▼▼意思を問い、覚悟を迫る

最近では、ＡＩを壁打ちの相手として活用しているという話を聞く機会が増えました。確かに、うまく使いこなせれば、ＡＩは優れた「壁」になり得るでしょう。

そこで考えてみたいのが、「人」が壁打ちの相手を務める意味、そして「人だからこそ」できる「壁としての役割」です。ＡＩは今後も進化を続けていくでしょうが、**少なくとも現時点で「人ならでは」の強みといえるのは、「感情」の部分だと考えています。**

「壁」は相手の様子を観察し、感情を察しながら、返す球を選んでいきます。相手の感情を読み取る力は、「壁」としての重要なスキルの一つです。

もっとも、この「感情」の部分さえ、表情解析ＡＩや声紋認識ＡＩ、文章解析ＡＩなどの進化によって、いずれＡＩの方が人間より正確に把握できるようになるかもしれません。

それでも、その先に「人ならでは」の役割がきっとあると考えています。それは「相手の意思を問う」、さらには「覚悟を迫る」という役割です。

壁打ちはあくまで一時の寄り添いにすぎません。壁打ちが終われば、相手は一人で前に進んでいかなければなりません。そこで成果を上げられるかどうかは、多分に本人の意志の強さにかかっています。最後まで粘り強くやり抜く覚悟があるかどうか、それが決定的に重要になってくるのです。

人と向き合い、人に対して「やり遂げます」と約束することと、AIに対して同じ言葉を口にすることとでは、質的に異なる意味を持つのではないでしょうか。それが現時点での私の実感です。

だからこそ、「壁」の究極の役割は、相手が成果を上げられるよう、相手のエネルギーを充填し、「意思」を問い、「覚悟」を迫ること。

そして、それを相手自身の言葉として語ってもらうところまで導くこと。

そこにこそ、「人」という「壁」の真価があると考えています。

良き「壁」であるために

「壁」として相手とどれくらいの距離を取るべきか、それは状況によって大きく変わります。

あえて距離を取った方が良い「壁」になれるという側面もあるのですが、特に先ほど説明したような「意思を問い、覚悟を迫る」という役割を果たそうとすれば、かなり踏み込んだ関係性が必要になってきます。

そして、**そこまで距離を縮められるかどうかは、日頃からの関係性に大きく左右されます。**十分な信頼関係がない状態で深い壁打ちを試みると、かえって逆効果になる可能性もあるのです。

「壁」としての振る舞い方は、相手との関係性を十分に理解した上で選択する必要があります。たとえこちらが良かれと思ってしたことでも、相手にとってはそうでないことも少なくありません。

激しい勢いで壁打ちをすると、お互いに大いに疲れます。お互いの負担も大きいので、20分から30分、長くても1時間程度で区切りをつけ、必要なら次の機会を設定することをお勧めします。

終わりに際しては、「話を聞かせてくれてありがとう」と、あなたからもお礼を伝えましょう。相手があなたを信頼して心を開いてくれたことへの感謝を示すことで、その後も良い関係を築いていくことができます。

第5章

壁打ちの「機会」を増やし、成果に繋げる

話す回数が増えれば、おのずと壁打ちはうまくなる

ゴルフ初心者がベテランと一緒にコースを回ると、周りの人が親切にいろいろなアドバイスを与えてくれます。構え方から体重移動まで、どれも正しい助言なのですが、それらすべてを一度に意識しようとすると、かえって体が硬直し、ぎこちない動きになってしまいます。むしろ、基本的な考え方を理解したら、その後はアドバイスを一つずつ実践していく方が、上達は早いものです。

これは壁打ちでも同じです。近年、コーチングを学び、資格を取る人が増えています。そこで学ぶ知識は確かに有用ですが、「こうしなければならない」という項目を意識しすぎると、かえって不自然な対話になってしまいます。そうなると、相手が警戒して心を開かなくなってしまう恐れもあります。

熟練したゴルファーやコーチを見ると、さまざまなスキルを身につけているはずなのに、そのスイングや話し方は自然でスムーズなものです。では、そうなるために何が必要なのでしょうか。

知識として理解することも大切なのですが、それ以上に実践の積み重ねが欠かせません。対話は本来、誰もが日常的に行っているもの。知識で頭でっかちになるよりも、自然な姿勢でたくさんの経験を積み、気づいたらうまくなっていることが理想的な成長の形なのです。

また、そもそも対話は相手や話題によって、毎回違うものです。そのため、さまざまなケースを実際に経験することでしか、本物のスキルは磨けません。

さらに、人にはそれぞれ個性があります。だからこそ、一人ひとりに合った壁打ちのスタイルがあるはずです。決められたルールをすべて当てはめようとするのではなく、場面や相手に合わせて柔軟に対応する必要があります。

本書でもさまざまなコツをご紹介したものの、結局のところ、壁打ちの機会を増やすことこそが、スキルを高める最も確実な方法なのです。

機会増↓スキルアップ↓成果の好循環へ

大切なのは、まず一歩を踏み出すこと。そして、実践の機会を増やしていくこと。**機会が増えればスキルも向上し、それが成果となって、さらに新しい機会を生み出していきます。**この好循環が生まれれば、あなたの壁打ちの力は、自然と高まっていくはずです。

反対に、考えることばかりで実践の機会を作らないでいると、スキルは上がらず、成果も出ません。成果が出ないと次の機会も得られにくくなり、負のスパイラルに陥ってしまいます。

壁打ちと成果の好循環

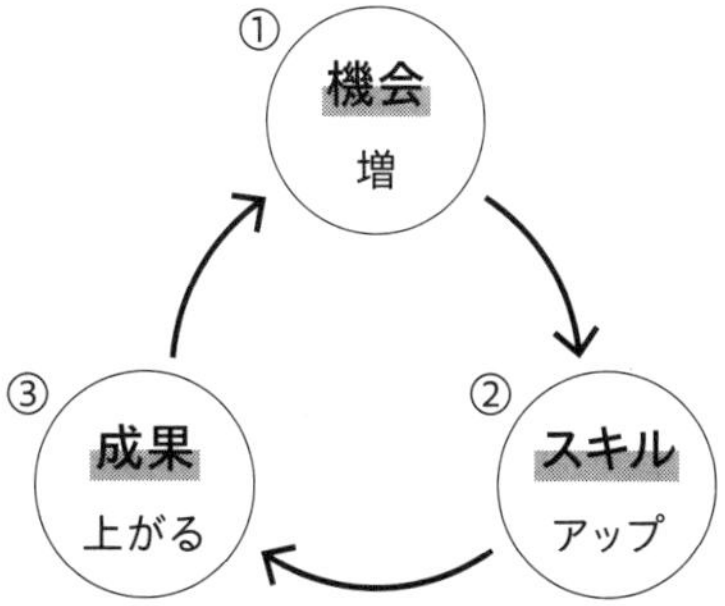

機会→スキル→成果の好循環を生むために、
まずは壁打ちの機会を増やす。

正のスパイラルを生み出すために必要なのは、最初の一歩を踏み出す勇気です。慣性の法則のように、一回転目を回すのが最もエネルギーを必要とします。しかし、その最初の「よし、やってみよう！」という一歩を踏み出せれば、その後は徐々に回転が加速していきます。

私のクライアントのある35歳の男性の変化をご紹介します。製造部門で働く彼は、普段はほとんど自分の部署の中だけで仕事をしていました。

彼は何か相談事があっても、私以外とは壁打ちをしていなかったようです。

それでも、試しに他の人とも壁打ちをしてみることを勧めてみました。まずは同期の社員から。すると、予想以上に良い反応があったようです。

その経験を機に、彼は少しずつ声をかける相手を広げていきました。営業部門の人とも話すようになり、社員食堂では誰かと一緒に食事をしながら気軽に壁打ちをするようになり、自然と社内の人脈も広がっていきました。今では社外の人とも積極的に壁打ちを実践しているそうです。


このように、誰でも最初の一歩を踏み出せれば、壁打ちの輪は自然と広がっていくものなのです。ただし、意気込みだけで機会を増やすのは難しいもの。自然な形で実践の機会を増やしていくには、どうすればいいのでしょうか。

この章では、「どうすれば実践の機会を増やせるのか」「どんな人が機会を得やすいのか」について、具体的に説明していきます。

壁打ちの機会を増やす
心理的ハードルを下げる

壁打ちを始めるとき、私たちの中にはいくつかの心理的なハードルがあります。それがどんな心理から来るのか、一つずつ見ていきましょう。

▼▼▼恥ずかしさ

「壁打ちは気軽に試せる方法」と何度聞いても、最初の「お願いします」という一言に気恥ずかしさを感じる気持ちは十分理解できます。特に「まだ考えがまとまっていないのに、人に話すのは恥ずかしい」と感じる方は多いでしょう。

しかし、この考え方は変える必要があります。**多くの課題は、「何が問題なのか」が明確になった時点で、半分は解決したも同然です。**モヤモヤしていること自体はちっとも恥ずかしいことではありません。それは、未知の難しい課題に向き合っている証拠です。むしろ、モヤモヤした状態のまま時間を費やすことこそ避けるべきなのです。

「自分のやりたいようにすればいいよ」「あなたはどうしたいの？」と問われても、それがわからないから悩んでいるということも珍しくないでしょう。だからこそ、考えや気持ちが整理されていない段階での壁打ちには大きな価値があるのです。

▼▼▼相手への申し訳なさ

壁打ちは数分から数十分程度の短時間で済むものなので、相手の負担は決して大きくはありません。相手の時間を使うことへの配慮は大切ですが、過度に恐縮する必要はないのです。

まずは身近な同僚から始めてみましょう。仕事上の話であれば、あなたの壁打ちに応じることは、同僚にとってもある意味で業務の一環です。たいして負荷のかからない協力であなたに成果が生まれれば、協力してくれた相手のやりがいにもなるはずです。

ただし、誰でも良い壁打ちの相手になれるわけではありません。例えば「結論から言え」というマネジメントスタイルの上司は、壁打ちの相手には不向きです。しかし、壁打ちの意図を説明すれば意外と協力的かもしれません。むしろ、普段は近づきにくい上司との新しい関係が生まれるきっかけになる可能性もあります。そういう上司は普段周りの人に「近寄り難い」と感じられがちなので、周りの人から声をかけられれば「求められるなら仕方ないな、付き合ってやるか」と上司自身が自己肯定感を高めることにも繋《つな》がり、案外とあなたとの対話を楽しんでくれるかもしれません。

自分にとって身近な人との中で「壁打ち」の効用が共有されれば、より実施のハードルは下がっていくようになるでしょう。

▼▼▼自尊心

「途中段階の不完全なものを人に見せたくない」「完璧に仕上げてから相談したい」、そう考える人は少なくありません。

私も組織のマネージャーとして、そういったタイプの部下と何度も出会ってきました。確かに、最初から人に頼らず自分でしっかり考えることには意味があります。ただし、それが行きすぎると、時間だけが過ぎていってしまいます。せっかく時間をかけて仕上げた成果物が意図とずれていたとき、「もっと早く相談してくれれば」と思うことも少なくありません。

さらに問題なのは、時間が経《た》つほどプレッシャーが増すことです。「より完璧なものに仕上げないと」という思いが強くなり、かえって前に進めなくなってしまいます。

上司としては「途中でもいいから、一度話を聞かせてほしい」と声をかけても、自尊心の強い人はなかなか応じてくれません。自尊心はうまく活《い》かせれば成長の原動力になりますが、このような負のサイクルは避けなければなりません。

こういった傾向は、むしろ「優秀」と周りから認められている人、これまで高い評価を得てきた人によく見られます。確かに今までは自分だけで答えにたどりつけたかもしれません。けれども、これからも常に一人で完璧な成果を出し続けられるでしょうか？

成果を出し続ける「できる人」には、より難しい課題が与えられるもの。課題のレベルが上がれば、一人の力だけではいつか答えを見つけにくくなります。今のうちから、「自分の頭だけで考えることの限界」を認識し、壁打ちを通じて「他人の頭もうまく使って考える」スキルを身につけておくべきです。

一人で答えを出せないことは、決して恥ずかしいことではありません。むしろ、周りの力をうまく借りて、より早く、より良い解決策を見つけられる人こそが、本当の「できる人」といえるでしょう。

「かわいげ」のある人は壁打ちを受けてもらいやすい

心理的なハードルを乗り越えて壁打ちの声かけができるようになった上で重要なのは、**快く壁打ちに応じてもらえる人になること**です。そもそも、それができないことには機会は増やそうにも増えていきません。

私が気持ち良く壁打ちをお受けしやすいのは、次の特徴を持つ人です。

・素直で正直な人
・率直で裏表のない人
・必要以上に壁を作らない人
・偉ぶらず、堅苦しくない人
・斜に構えることなく、真っすぐに向き合える人
・自己中心的にならず、周りへの気遣いができる人

こんな特徴を持つ人ほど、壁打ちをお願いしたいときに快く受けてもらいやすいものです。

世の中には、性別や年齢に関係なく「かわいげ」のある人がいます。「かわいげ」

を言い換えてみると、「オープンマインドで接してくれる人」ともいえそうです。

オープンで率直な人には、相手も自然と心を開きやすいものです。

反対に、何か本心を隠しているような印象を受けたり、言い淀《よど》んでいる様子が見られたりすると、相手も心を開きにくくなります。今の状況や困っていること、その意図を率直に話してくれる方が、ずっと対話がしやすいのです。


もちろん、「壁」からの返球にすべて同意する必要はありません。異なる意見を返すのも自由です。ただし、どんな球が返ってきても「それは難しい」「それは違います」「それはもう考えました」などと即座に否定するのは避けましょう。そうした反応が続くと、「壁」側も球を返す気を失ってしまいます。むしろ「それは、どういう意味でしょうか?」と問いかけ、もう少し相手の話を聞こうとする姿勢を見せる方が効果的です。

結局のところ、「何を言っても否定的な人」には、誰も壁打ちの相手をしたいと思わなくなるということです。

壁打ちの三層構造

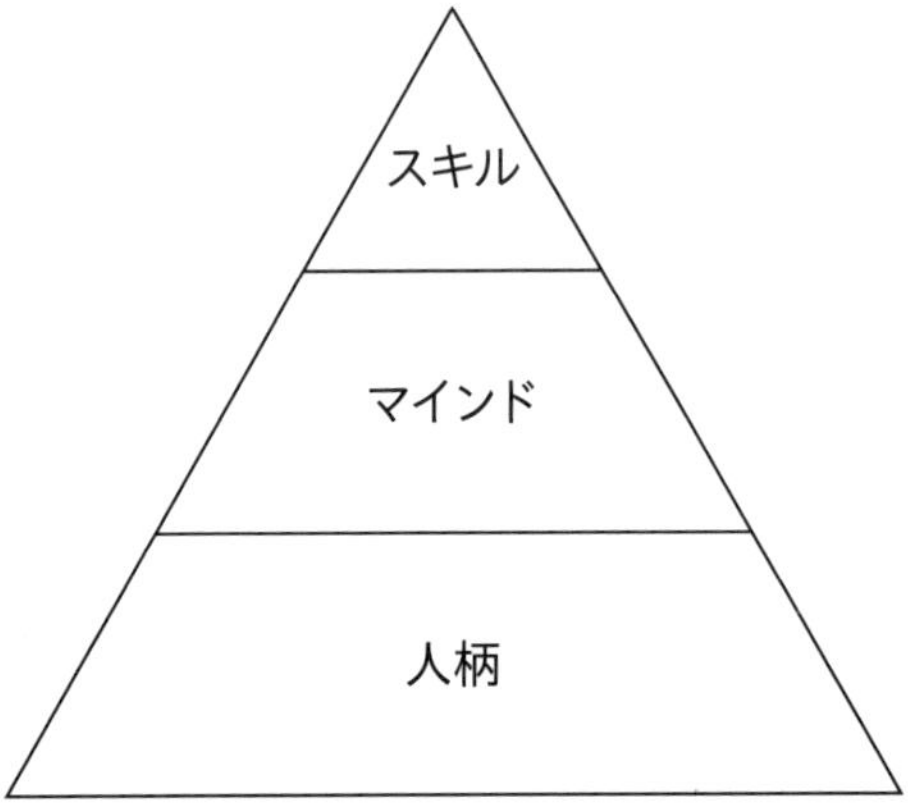

壁打ちの技量を高めていくためには、「スキル」「マインド」「人柄」の三層構造を意識しておきましょう。

表面的な「スキル」だけに囚《とら》われていては、深い意味での壁打ちの技量は上がりませんし、効用も享受できません。

この三層構造を理解し、壁打ちを通して人としての魅力が増していけば、自然と壁打ちの技量も高まっていくことでしょう。

壁打ちが効いたことを伝えると次の壁打ちがやってくる

壁打ちの機会を着実に増やすには、同じ相手と繰り返し壁打ちを重ねることが一番の近道です。そうして壁打ちに慣れていけば、自然と他の「壁」との機会も広がっていきます。

そのためには、**相手に「壁打ちに付き合って良かった」「また声をかけられたら応じよう」と思ってもらうことが大切です。**単に感謝を伝えるだけでなく、「付き合った甲斐《かい》があった」と実感してもらうことが重要なのです。

では、相手はどんなときに「付き合って良かった」と感じるのでしょうか。

実は、壁打ちをした効果を、受ける側は実感しにくいものです。だからこそ、**壁打ち後の感想を言葉にして伝えることで、相手は自分の役割の意味を感じ取ることができるのです。**

壁打ちに付き合ってもらったこと自体に感謝するのはもちろん、「○○について新しい気づきがあった」「××のことは知らなかった」「□□のことをさらに調べてみることにする」といった具体的な言葉を素直に伝えましょう。必ずしも新しい発見がなくても構いません。「考えが整理できた」「自信が持てた」「安心できた」「すっきりした」。そんな感想でも十分です。ポイントは、あなたの中に何らかの変化が起きたことを相手に伝えることです。

さらに、**その後の具体的な変化も伝えるといいでしょう**。「あの後、○○するようになりました」「××にチャレンジしてみました」「□□という結果が出ました」。そんな具体的な変化を知ることで、相手はより大きなやりがいを感じ、次回の壁打ちにも喜んで応じてくれるはずです。

そういったあなたの評判は自然と周りに広がっていきます。その結果、より多くの人があなたの壁打ちに協力してくれるようになり、いつの間にか機会が増えていきます。このように壁打ちの機会は、あなたの姿勢を少し変えるだけで大きく広がっていくのです。

壁打ちは実は一人でもできる

ここまでさまざまな機会の増やし方をご紹介してきましたが、読者の中には、「壁打ちの効果はわかった。自分なりに機会を増やせるよう努力もする。でも、残念ながら自分の周りには壁打ちを知らない人が多く、声をかけられる環境がない」と暗い気持ちになっている方もいるかもしれません。

壁打ちのようなコミュニケーションが自然に受け入れられる組織もあれば、そうでない組織もあります。また、フリーランスのような特定の組織に属さない働き方を選んでいる人も増えていて、そもそも気軽に声をかけられる相手が身近にいない、という方も少なくないでしょう。だからこそ、本書を読んでくださった方には、二つのことをお願いしたいと思います。

一つは、**自分から率先して始めていく勇気を持つこと。**

もう一つは、**付き合ってくれそうな人を探していく行動力を持つこと**です。

ただし、そんな環境づくりには時間がかかるもの。そこで、一人でもすぐに始められる「壁打ち」の方法をいくつかご紹介したいと思います。

▼▼▼ 書籍の著者や講演者と疑似壁打ち

本を読むとき、講演を聴くとき、ただ受け身で情報を得るのではなく、著者や講演者と対話をしている「つもり」で向き合ってみませんか。

書かれた言葉、話された言葉に対して、自分が「壁」になったつもりで問いかけを返してみるのです。もちろん、実際に相手から答えが返ってくるわけではありません。それでも、あなたの中に「問いを投げかけた経験」は積み重なっていきます。そして、その問いに対して「自分ならどう答えるだろう」と考えてみるのです。

そうすることで、著者や講演者との対話を疑似体験できます。実際の対話ではありませんが、むしろ相手があなたにない知識や視点を持っているからこそ、想像力次第でより豊かな対話を作り出すことができるのです。これは、将棋や囲碁の練習で、実際の対局の様子を中継で見ながら一人で盤に向かい、次の一手を考えるのと似ているかもしれません。

▼▼▼SNSを壁打ちの場にする

私は、Facebookを壁打ちの場としてよく活用しています。

自分の投稿に対するコメントは、まさに「壁」からの返球そのもの。予想通りの共感の声が返ってくることもあれば、時には思いもよらない角度からの意見をもらうこともあります。特に予想外のコメントは、自分の視野を大きく広げてくれます。

また、他の人の投稿に対して、自分が「壁」となってコメントを返すこともあります。そこから思いがけない方向に話が展開していくのも、SNSならではの面白さです。

SNSの良さは、さまざまな立場、背景、考え方を持つ人と、同時に同じ場で対話ができること。XやInstagramなど、それぞれのメディアの特性を活かせば、異なるスタイルの壁打ちを楽しむことができます。

▼▼▼ AIと無限壁打ち

長らく「壁打ち」は人間ならではの思考法だと考えてきましたが、近年のAIの技術発展を見ていると、AIも十分に対話の相手、さらには壁打ちの相手にもなり得ることがわかってきました。

すでに私の周りにも、AIを壁打ちの相手として使い倒している人が大勢います。

私がこの原稿を書いている現時点では、時折見当違いな返事がくることもありますが、「お見事！」と感嘆するほどの深い答えが返ってくることも多くなりました。そもそもインターネット上に存在する膨大な情報をベースにしていますから、潜在的な知識量はどんな博識な人間も敵《かな》いません。そんなＡＩの力を壁打ちに使わない手はありません。

現時点ではＡＩの側がこちらからの「問い」に答える形の対話になりがちで、ＡＩが「壁」となって良いラリーができることは少ないように見えますが、それでもこちらからの問いかけ方次第で、深い壁打ちへ持っていくことも可能です。これからの技術の発達とともにＡＩの「壁」としての技量はますます高まってくることでしょう。

ＡＩとの壁打ちで注意が必要なことがあります。それは、**ＡＩに「壁打ちであること」を認識させること**です。何も指定をしなければ、ＡＩは与えられた問いに対して、結論をすぐに提案してくれます。そのため、「すぐに結論を出さないで、気になるところを質問して」「会話を続けながら一緒に考えてほしい」といった指示を出して、会話のラリーが続くように心がけてみましょう。

何よりＡＩが壁打ち相手として有用な点は、いつでも相手をしてくれる点と、どれだけ長時間やっても、言い回しを変えて何度問いかけても、疲れることなく、いらだつことなく、何度でも打ち返してくれる点です。人間相手ではこうはいきません。

ＡＩの技術進化のスピードは計り知れませんが、まだしばらくは人の方が「壁」として優れているだろうと思われることが一つあります。それは、**相手の状況の推察と感情の読み取りです。**

ＡＩの強みの一つは論理性ですが、「壁」は必ずしも論理的に正しいことを返せばよいというわけではありません。相手の「状況」や「感情」を踏まえた上で、今ならどんな「問い」をどのような言い方で返すのが適当かと考えて、返すところに「壁」としての技量が問われます。そこについては、しばらくは人間の方が五感や相手の性分をわかっている分、アドバンテージがあると見ています。これはテニスの練習が機械相手よりも、優れたコーチ相手の方が良いのと同じではないでしょうか。

一方で、人間には感情があるからこそ躊躇《ちゅうちょ》してしまうような率直な返しも、AIならドライに、ストレートに行える強みがあります。この相互補完的な特徴を活かすことで、人間とＡＩは壁打ちの良きパートナーとなっていくでしょう。読者のみなさんも、さまざまなＡＩとの壁打ちを試してみることで、その可能性を体感していただければと思います。

「壁打ち」を頼みたくなるのはどんな相手？

壁打ちは、持ちかける側だけでなく受ける側でも機会が増えれば、経験値はさらに上がり、厚みを増しますから、受ける機会もぜひ増やしていただきたいです。

ただ、機会を増やすための工夫は、持ちかける側と受ける側では異なります。壁打ちをしてもらう機会は、自分から声をかけるなど能動的に働きかけることで増やしやすい一方、受ける側の機会は周りからの声かけを待つ場合が多く、そこに難しさがあります。

しかし、ただ待っているだけでは壁打ちの機会は増えていきません。**受け手としての機会を積極的に広げるには、「どうすれば声をかけられやすい存在になれるか」を意識的に考え、実践することが大切です。**ここからは、その具体的な方法をご紹介していきましょう。

▼▼▼良い「壁」は聞くを第一に考える

まず考えるべきは、「どうすれば壁打ちの相手として選ばれやすくなるか」です。「自分だったら、誰に壁打ちを持ちかけたくなるか」、その視点から考えてみましょう。

単なる雑談なら気さくで楽しい人を選びます。しかし、壁打ちが求めるのは、それとは違う〝何か〟です。承認が欲しければ決裁権のある人を、具体的なアドバイスが欲しければ詳しそうな人を相手の人は選ぶでしょう。

そんな中あなたが、**「良い壁になってくれそうだ」と周りから見てもらえることが大切です。その第一条件が「聞き上手」です。**

自分の話ばかりする人には、誰も壁打ちを持ちかけたがりません。「話を聞く前に持論を展開されそうだ」と思えば、なおさらです。

世の中には「話し上手」な人は多くても、「聞き上手」な人は意外と少ないものです。しかし、実は最も信頼を集めるのは「聞き上手」な人なのです。第4章で触れた人気スナックのママさんや優秀な営業職に共通するのも、この「聞き上手」という特徴です。

話したことを他言しない信頼感や、「アイデアマン」「〇〇の専門家」といった人が持つスキルや知識も声がかかる一つの理由にはなりますが、**重要なのは**

その人の根っこにあるマインドなのです。

これは「選ばれない人」の特徴を考えると、よりわかりやすいかもしれません。例えば、いわゆる「老害」と呼ばれる人。「老害」と呼ばれる人の多くは、実は「若い人の力になりたい」という善意を持っています。最初は「若い人の意見も聞いてみよう」という余裕があっても、やがて「そうじゃない」「わかっていない」「教えてやらなければ」という気持ちが強くなり、気づけば一方的な説教になってしまう。そうなると相手からは「頑固で自慢話ばかりする人」というレッテルを貼られ、二度と声はかからなくなります。

重要なのは、「老害」といわれてしまう人も当初は相手への親切心から行動が始まっているということです。良かれと思う気持ちが強すぎると、「押しつけ」「説教」「自慢話」と受け取られかねません。

だからこそ、自分は本当に相手の話を「聴けている」のか、常に謙虚に振り返る姿勢が大切なのです。

▼▼▼「話を聞かせて」と自ら「壁」になりにいく

自分が「壁」になることで、相手に喜んでもらえる、役に立てるという自信がついてきた。そして周りからも「あの人と話してみるといい」と思ってもらえるようになってきたら、声をかけられるのを待っているだけでなく、自分から声をかけてみることにもトライしてみてください。

特に今日では、リモートワークの増加に伴い、オフィス内でのコミュニケーションの機会が減少している職場が多くなっています。同じ職場で顔を合わせていれば互いの様子をうかがい知ることもできますが、オンラインではそうもいきません。上司と部下の間で「1on1」を定期的に行う職場も増えていますが、それも年に数回の機会に限られることが多いでしょう。

そんな中、**部下の様子が気になるときには、「話を聞かせてくれないか」と声をかけてみるのも一つの方法です。**必ずしも「壁打ち」という言葉を使わなければならないということはありません。相手の話に耳を傾ける姿勢を示せば、それだけで十分な意味を持ちます。

最初は声をかけられた相手も「何の話をされるのだろう」と緊張するかもしれません。しかし、実際に「本当にただ聞いてくれるだけだった」という経験をすれば、次からはもっと心を開いてくれるはずです。

その人との普段の関係性にもよりますが、自分のことを気にかけてくれ、尊重して話を聞いてもらえることは、多くの人にとって嬉《うれ》しいものです。お仕着せにならないよう配慮しながら、こうした対話の機会を作ってみてください。

▼▼▼普段の対話から「壁打ち」へいざなう

「それでは、これから壁打ちを始めます」などと改まると、どうしてもお互いに肩の力が入ってしまいます。それでも慣れてくれれば、普段の会話の流れの中で自然と壁打ち的な対話に移行させることができます。

壁打ちを増やすもう一つの方法は、**日常の会話の中に自然と壁打ちの要素を**

織り込んでいくことです。

例えば、相手の言葉の中で気になったことや引っかかった表現があれば、そこを糸口にしてみましょう。「それは、どういう意味？」「何かあったの？」「そのときどう思ったの？」といった具合に問いかけてみるのです。

ここで大切なのは、あなたの興味本位で質問するのではなく、「相手が本当は話したがっているのではないか」と思われることを引き出すことです。相手が「そこに気づいてくれて、ありがとう」という反応を示してくれたら、自然な形で壁打ちが始まった証拠です。

終わってみれば、相手は必ずしも「壁打ちをした」とは意識していないかもしれません。それでも、「話を聞いてもらえてすっきりした」「あなたと話せて良かった」、そんな気持ちは確かに残るはずです。

こうした対話を日常的に重ねていけば、あなたの「聞き上手」としての評判は自然と広がっていきます。そして気づいたときには、壁打ちの相手として選ばれる機会が増えているはずです。

壁打ちを通じて高まる人間関係構築力

壁打ちの機会が増えていくと、仕事をしていく上でとても重要な「人間関係構築術」のスキルが高まっていきます。どんな力がついていくのでしょうか。いずれもビジネススクールでは学びにくい、極めて実務的なスキルです。

▼▼▼人との距離を測る力

組織で仕事をしているときに、「周りの人との距離を測るのが難しい」という悩みをよくお聞きします。

壁打ちに慣れてくると、曖昧ながらも自分の中にあるいろいろな思いやアイデアに関して、話し相手がそのテーマについて知っているか、重視しているか、

どんなスタンスでいるか、どのような考えでいるかといった様子が、相手の反応を見ることによって摑《つか》めるようになります。

例えば、相手がそのテーマについてあまり認識がなく、深く考えたことがないようなら、もしいつかその人に向けて起案し承認を得なければいけないフェーズになったときには、「そもそも……」という話から説明が必要になるでしょう。

しかし、壁打ちをしておくことで、相手が自分とは異なる考えであるようなら自分の意見を再考するきっかけにもなりますし、相手を説得しなければいけないフェーズでは自分の考えとの比較を示して説明した方が承認を得やすいということが、事前にわかります。

第1章では、壁打ちで相手との距離を測ることをボクシングの「ジャブ」に準《なぞら》えました。ボクシングの強さはジャブ打ちの上手さで決まるのと同じく、ビジネスで成果を出すためにはまず周りの人との距離を測ることがとても重要なのです。

▼▼▼周りの人との距離を縮める力

組織の中で仕事をしていくために、周囲の人とうまくやっていくことが大事なスキルの一つであることは間違いありません。

うまくやっていくために相手との距離を縮めようとすれば、コミュニケーションの量を増やすことが一番の方法であることは、多くの人が感じていることだと思います。その簡易なきっかけとなれるのが、壁打ちです。

壁打ちをする前と後とでは、まず間違いなく相手との距離が縮まります。頭の中にあるもの、思っていることをありのままに相手に話すのですから、距離が縮まるのは当然です。自分の話をよく聴いてくれた相手のことを、心を開いて話してくれた人を、お互いに今までより近しい存在に感じることでしょう。

距離を縮めるスキルの一つとして「雑談力」がありますが、単なる「雑談」のレベルからもう一歩踏み込んだ対話の機会を増やすことで、あなたには周囲の人との距離を縮める力が身につきます。

自分が置かれた環境を見極める力

潜水艦はソナーを発して反響音によって敵艦の場所を知ります。それと同じように、自分の置かれた環境を適切に見極めることは、組織の中で仕事をする上では欠かせないスキルです。

自分が考えていることは組織内でどれくらい認識されている、もしくは問題視されているのか。全体ではどんな考え方が定説になっているのか。自分のような考えは歓迎されるのか、反発されるのか。味方になってくれそうな人は誰で、乗り越えないといけない壁になりそうな人は誰か。それらがわかってくれば、先々組織の中で案を推進していこうとしたときの作戦が立てやすくなります。

いろいろな立場の人と壁打ちをしていくうちに、自分が今いる組織の状況がどのようなものかが見えてきます。

大きな案であるほど、現状と異なる新規性の高い提案をしようとすればするほど、案を通していくことは難しくなります。いきなり大振りで強いパンチを打っても、なかなか突破はできません。いつどんなパンチを誰に打っていくのが適切なのか、壁打ちを通じて今の環境を見極めて作戦に活かしましょう。

交友関係を広げ、組織のキーパーソンを目指す

壁打ちは、ビジネスパーソンとしての力を高めるだけでなく、ビジネスパーソンとして活躍できる機会も大きく広げます。

▼▼▼自分の活動範囲を広げる機会に

誰しも自分にとって居心地の良い場所にいれば、それをあえて広げることに対しては億劫《おっくう》になるものです。自ら活動範囲を広げていくのはなかなか大変です。「気持ちはあっても、きっかけが掴みにくい」という人は多いでしょう。

交友関係を広げたいと積極的な人の中には、「情報交換しませんか？」とあまりよく知らない人にも自分から声をかけられる人がいます。

それも一つの方法だとは思うのですが、私は経験的に「情報交換」という誘い方をしてくる人は、単にこちらの持っている情報が知りたいだけで、自分の持っている情報を出すことには積極的ではないことが多いことを知っているので、自発的にはお受けしません。

また逆にお話しする機会を作っても、自分の話を聞いてもらいたいだけで、こちらの話を聞くつもりはあまりないという人も多いです。

そこで私は、「壁打ちに付き合ってもらえませんか？」とお願いするアプローチ方法をお勧めしています。

何かで知り合った人の中で「この人と交流を持ちたい」と思う人に出会えたら、勇気を出してお願いをしてみましょう。自分が困っている状況を素直に話して、「あえて自分の身近でない人に話を聞いてもらいたいのです」と趣旨を伝えれば、意図を汲《く》んで受け入れてくれる人はきっといるはずです。相手も「聞いているだけでいいのなら」と気軽に受けやすいでしょう。

また、あなたが「聞き上手」になってきているのなら、**素直に「話を聞かせてもらえませんか？」と声をかけるのが、最も成功率が高い**と思っています。もちろん相手が「なぜ自分があなたに話を聞かせなければいけないのか」と感じる場合もあるでしょうが、丁寧に相手への思いを伝えれば、自分に対して興味や敬意を持って仲良くなりたいと考えてくれる人のことを、人は大抵悪く思いません。

このようなアプローチであれば、話せることになったときにも、あなたは「壁」であるだけでいいので、自分が相手にとって有用な情報を持っていなかったとしても、意外と相手の人にも喜んでもらえます。

終えてみれば、相手は気分よく自分の得意なことを話せる機会となり、あなたに対して好印象を持つことでしょう。壁打ちで磨いたスキルは、自身の機会を広げる有用な武器となるのです。

▼▼▼「壁」でいるだけで組織のキーパーソンになれる

あなたが壁打ちの良い相手になってくれるという評判が広がれば、あなたには他にもいろいろな人から「壁打ちの相手になってほしい」と声がかかるようになるでしょう。

一人ひとりに時間を割くことは手間がかかるかもしれませんが、もしあなたが組織のマネジメントを担う立場であれば、それによって得られるものはとても大きいはずです。

部下がまだ頭の中で考えている程度の曖昧な状態から話を聞くことは、一見無駄なことに思えるかもしれませんが、そこで聞く話はまだ顕在化していないだけで、潜在的に大事なことである可能性があります。今後に広がってくる問題の予兆かもしれません。

そんな話をいち早く察知できるようになれば、大きく広がる前に対処することが可能になります。

また、上役の人からも「まだ決定事項ではないんだけど、ちょっと聞いてくれるか？」と声がかかるようになれば、上役がどんなことを考えているか、今社内でどんな検討が進んでいて、今後どんな決定がされようとしているかを事前に知ることができます。

そうすれば先手を打って自分の立場から事前に対策を準備することもできますし、決定前に自分の意見を上役に対して発言できる機会にもなるでしょう。

聞き上手で、各所からの声かけでいち早く情報が集まってくるあなたは、組織における事情通＝キーパーソンになり得るのです。

壁打ちは人間力を高める

本書では、多くの方が壁打ちをうまく使いこなしていただけるように、主にテクニカルな側面から上達法・活用法をご紹介してきました。

ですが多くの方がお気づきのように、壁打ちは表面的なコミュニケーション・スキルを習得するだけでは、なかなか本当の意味では上達せず、ここでご紹介しているような効用も享受できません。なぜなら表面的なスキルだけが上がったとしても、人と人との対話の中で相手に「人」の部分を見透かされてしまうからです。

そもそも、相手のことを信用してお互いに心を開いて対話をしようという姿勢がなくては、深い壁打ちは成立しません。互いに相手に対する思いや姿勢、ホスピタリティがないと、ただの言葉の羅列だけで終わってしまいます。

本心から相手に対して興味を持ち、相手の話すことに対して好奇心を抱いてこそ、「良い問い」が立てられるというものです。本心から広く興味や好奇心を持てるかどうかは、その人の人間としての幅の広さ、奥の深さが関係してきます。

あなたの人間力が高まるほどに、壁打ちの技量も上がっていくに違いありません。そして壁打ちの技量が上がるにつれ、人間力を高めることにも繋がっていくはずです。

第6章

壁打ちは「組織」も強くする

組織の中の「対話」が減っている

ビジネスパーソンの基礎能力として「コミュニケーション力」が重視されるようになって、随分と時が経《た》ちます。今や、多くの企業が採用の基準で重視する基本スキルの一つです。

また、企業はＩＴを活用して、社内のコミュニケーションを活性化しようとさまざまな取り組みを続けています。ですが**感覚的には、データとしての「情報」は増える一方で、人と人との直接的な「対話」の量は減っているように感じませんか？**

「組織を活性化したい」。この言葉をよく耳にします。では「活性化された組織」とは具体的にどんな状態を指すのでしょう。その定義は簡単ではありませんが、少なくとも「活発な対話が行われている」という要素は外せないのではないでしょうか。**大事なのは、対話の量・頻度・幅の広さ**です。

現代の組織内の対話量が減りがちなことには、いくつかの理由が考えられます。

▼▼▼デジタル化

現代のオフィスの風景を見てみましょう。多くの人が、黙々とパソコンの画面に向かって仕事をしています。かつては当たり前だった電話の呼び出し音も、同僚との会話も、めっきり聞こえなくなりました。最近では、「話をするなら会議室や打ち合わせスペースへ」が暗黙のルールになっているオフィスも増えています。静かに集中したい人への配慮という名目です。

もちろん、人々は決して孤立しているわけではありません。メールやチャット、ビデオ会議などを使って常にいろいろな人とやり取りはしているはずです。

それでも、パソコンが普及する前の職場で、フロアの中で皆がワイワイガヤガヤやっていた時代と比べれば、デジタル化が進んだ今では、人と人との直接的な対話は、確実に減っているように思います。

▼▼▼リモート化

コロナ禍は、私たちの働き方を大きく変えました。リモートワークが当たり前になり、多くの仕事がオンラインで進められるようになりました。通勤時間がなくなり、時間を効率的に使えるようになった人も多いでしょう。

しかし、この変化は人と人との対話の量を確実に減らす方向に働いているように思います。

オフィスにいれば、隣の席の人に「ちょっといいですか?」と気軽に声をかけられます。「最近どう?」といった何気ない一言から、自然と会話が広がることもあります。一方、オンラインではそういったカジュアルな声かけが、なんとなく面倒に感じてしまいませんか? 「わざわざ」連絡を取らなければならない感覚が、ついつい対話への一歩を遠ざけてしまうのです。

メールやチャット、ビデオ会議といったツールは、確かに便利です。工夫次第で離れた場所にいる人とも効率的にやり取りができます。けれども、一緒にランチを食べたり、雑談をしたり、何気ない時間を共有したりする機会は明らかに減っています。結果として、人と人との直接的な対話の総量は、やはり減少しているように思えます。

パーソナル化

さらに、近年の仕事のやり方の特徴として、「パーソナル化」が進んでいることも挙げられます。

もちろん、誰もが完全に独立して仕事をしているわけではありませんが、個人で処理できる仕事の範囲は広がっています。多くの作業がパソコンとサーバーの間で完結し、周りの人からは何をしているのかが見えにくくなっています。

かつては当たり前だった「全員集まっての会議」も、今では非効率の代名詞さながらにいわれるように……。ファイルの共有やメールの一斉送信で済ませることが、新しい常識になりつつあります。

確かに、これらの変化は組織の生産性を高めることに繋《つな》がっています。しかし、チームを率いる立場の人にとっては、新たな悩みの種となっているかもしれません。メンバーの様子が把握しづらい。かといって、わざわざ声をかけて状況を確認しようとすると、大げさな「面談」のようになってしまう。そんなジレンマを感じている管理職の方も多いのではないでしょうか。

1on1で何を話せばいいか問題

組織の生産性や効率を追求した結果、対話の量が減っているのは、ある意味で自然な流れかもしれません。ただ、その変化が長期的には組織のパフォーマンスを低下させる可能性を、私は強く懸念しています。

特に懸念されるのが「風通しの悪さ」です。組織の風通しが悪くなると、上下の意思疎通が滞り、部門間（横）の連携も弱くなります。問題が表面化しにくくなり、「気づいたときには手遅れ」ということも起こりかねません。

風通しが悪い組織では、小さな気づきや、まだ形になっていないアイデアは、組織の中で声を上げにくくなります。リスクのある新しいことへのチャレンジや変革の機運も生まれにくく、組織は次第に保守的になり、停滞していきます。

こうした事態を避けようと、組織はさまざまな工夫を重ねています。かつての「飲みニケーション」やタバコ部屋（喫煙ルーム）に代わるものをと、さまざまな取り組みが行われています。

オフィスにカフェスペースを設けたり、部署を超えたランチ会や「井戸端会議（よもやま会などとネーミングされる組織もある）」を企画したりしています。他にもオンライン上でのコミュニティづくりや、1on1ミーティングの制度化など、対話の機会を意図的に作り出そうとする動きも増えています。

これらの取り組みにも、確かに意味はあるでしょう。しかし、本当に大切なのは「場」や「機会」を用意することだけではありません。**そこで「どんな対話を交わすのか」、その中身こそが重要なのです。**実際のところ「1on1で何を話せばいいかわからない」という声はよく聞きます。

埼玉大学の宇田川元一氏の著書『企業変革のジレンマ』（日本経済新聞出版）では、**組織内での「対話」こそが変革を進めていくための鍵**と紹介されています。

本書では、そんな「対話」の一つの形として壁打ちというスタイルをご紹介しました。壁打ちは組織の風通しを良くし、活性化する効果的な方法の一つになり得ます。形式張った会議とは別に、組織の中で壁打ちが日常的に行われるようになれば、部署や立場を超えた対話が自然と増えていくはずです。

本書を読んでいただき、壁打ちを使いこなせるようになったみなさんには、率先して組織の中で壁打ちを行い、浸透させていくことにより、「風通し」の良い組織づくりに寄与していただきたいと期待しています。

読者の中にはマネジメントの立場にあり、組織の活性化自体をミッションにしている方もいるでしょう。

また、自分のミッションではなかったとしても、気持ち良く働ける職場、価値を生み出し続けられる強い職場を望んでいる気持ちはみなさん同じでしょう。

ここからは、壁打ちが浸透し風通しが良くなった職場には、どんな良いことがあるかご紹介します。壁打ちが実際に組織の中でどのように機能するかをイメージしてみてください。

「まずは話してみる」からすべてが始まる

▼▼▼変化に対する予兆を察知しやすくなる

どんな組織も、常に変化する環境の中で事業を営んでいます。その変化にうまく対応し続けることが大切だと、誰もがわかっているはずです。しかし、組織の中だけにいると、その変化を感じ取ることは難しいものです。

実は、環境の変化に最も早く気づきやすいのは、お客さんや取引先と日々接している現場の従業員です。真剣に仕事に向き合っていれば、外部の人との会話やその人たちの様子から、何かしらの変化を感じ取る機会があるはずです。

大切なのは、その「気づき」をいち早く組織の中に持ち込めるかどうか。「これは新しいビジネスチャンスかもしれない」「自社の競争力が落ちているかもしれない」など、最初は小さく、はっきりしない変化かもしれません。それでも、そこに可能性や危機を感じた人は、「これは社内で対応を検討すべきでは」と考え始めます。

多くの企業では「営業日報」の提出を義務付けています。私も仕事上、さまざまな企業の営業日報を見る機会があるのですが、正直なところ「もったいない」と感じることが多いのです。

確かに、一人ひとりはしっかりと日報を書いてくれています。ただ、その内容は結果や進捗の「数字」の報告ばかり。ただの結果数値の羅列で終わることがほとんどです。

本来、営業職の方はお客さんとの接点の中で、日々新しいビジネスチャンスの種に触れているはずです。しかし、**数字だけの日報では、そのチャンスに気づくことができません。**契約や受注に結びつかなかった案件は、数字で見ればどれも同じ「1件」でしかありません。**けれども、その「1件」の中には、新しい価値を生み出す可能性を秘めた「特別な1件」が交ざっていることがあるのです。**

ただ、確信も具体策もない段階では社内で報告しづらいもの。上司に「ちゃんと考えてから報告しろ」と言われた経験があれば、まだ自分の中でも曖昧な段階の場合、「社内では黙っていよう」と考えてしまうのも責められません。

ところが、**壁打ちが日常的な組織なら違います。「ちょっといいですか？最近気になることがありまして……」と、誰かに話を切り出せるからです。**最初はぼんやりとした話でも、良い「壁」が相手をしてくれれば、話しているうちに「何が問題なのか」「それはどれくらい重要なのか」が見えてきます。

正式な会議や報告書を待つまでもなく、小さな予兆の段階から組織として素早く動き出せる。壁打ちという気軽なコミュニケーションが認められているからこそ、組織は環境の変化の予兆をいち早く察知することができるのです。

▼▼▼新しいアイデアが出やすくなる

私の本業は、ボトムアップで新規事業を生み出すお手伝いです。

ボトムアップにこだわる理由は、「経営者だけでなく、現場の社員からも新しいアイデアや改革案が生まれる組織こそ強い」と考えるからです。多くの経営者もそんな組織を目指したいと考えていますが、ボトムアップで声が上がる組織を実現するのは簡単ではありません。

まず大切なのは、社員が思いついたアイデアがたとえ小さかったり、曖昧だったり、未熟だったりしても、気軽に口に出せる雰囲気づくりです。

最近では「心理的安全性の高い組織」という言葉が広く知られるようになってきました。**結局、誰かが「言い出す」ところからすべてが始まるのです。**

もちろん、アイデアがたくさん出てくるだけでは不十分です。未熟なアイデアばかりが積み重なれば、「もっとマシな案はないのか」という声も出てくるでしょう。

大切なのは、出てきたアイデアを誰かが受け止めて、一緒に磨いていくこと。ただ、その「受け止める人」に必ずしも特別な企画力は必要ありません。最初は壁打ちの要領で、話を聞き、うなずき、時々質問を投げかける。それだけでも、アイデアは少しずつ磨かれていくものです。

「妄想ばかりでなく具体案を」「文句を言うなら代案を」。そんな指導をする管理職もいます。確かにその指摘は間違っていません。ただし、その一言で社員が萎縮し、妄想も文句も出なくなってしまう組織は危険です。

本当に優れた管理職なら、良い「壁」となって、その「妄想」や「文句」に上手な問いかけを返し、より深い思考へと導いていくはずです。

ただ良い案が出てくるのを待つだけでもダメ。かといって、研修でスキルを磨くだけでも、なかなか成果には結びつきません。

結局、最も大切なのは組織の中の対話の質であり、対話を育む風土です。新しいアイデアをボトムアップで生み出していくには、アイデアを口にする人と、それを受け止める人がセットでいること。そして、その二人の間で壁打ちが自然に行われるような風土が必要不可欠なのです。

スタートアップ起業の世界では「リーンスタートアップ」という考え方があります。小さく始めて、少しずつ大きく育てていこうという発想です。その意味で、壁打ちこそが、新しいアイデアを育てる最も小さな、でも確実な一歩なのです。

▼▼▼社員を孤立させず、チーム力が上がる

組織が大きくなるほど、「直接話せば済むことなのに」と思う場面が増えてきます。しかし実際には、組織の規模が大きくなるにつれ、部署間の壁は高くなり、役職間の階層も厚くなっていく。その結果、人と人とを繋ぐ対話は減っていきます。こういった壁は、単に「もっとコミュニケーションを密に」と呼

びかけるだけでは、なかなか低くはなりません。

そこで私が提案したいのが、壁打ちの文化を広めること。特に「違う立場の人との壁打ちこそ価値がある」という考え方を浸透させることで、組織の中の部署や階層の壁を超えたコミュニケーションを増やしていくのです。

わざわざ毎日話す必要はありません。壁打ちをきっかけに一度話したという経験があるだけでも、お互いの距離は縮まります。「直接話した方が早い」と感じたときも、声をかけやすくなるでしょう。

横の繋がりや、上下の関係での、コミュニケーションが増えれば、仕事の質もスピードも自然と上がっていきます。

そして、**壁打ちが持つ最も大きな効果は、社員を孤立させないことです。**「仕事は一人でするものじゃない」とはよく言いますが、実際には誰もが自分一人で問題を抱えてしまい、行き詰まりや停滞を経験します。ただ、抱えた問題を個人の中から表に出してもらうのは、意外と難しいものです。

「一人で抱え込んでいたけど、話してみたら意外と簡単に解決した」、こんな経験を、多くの人がしているはずです。

壁打ちは、「まずは話してみる」「とりあえず聞いてあげる」という至ってシンプルな行為に名前を付けることで、それを実践しやすくしているのです。この方法が組織に根付けば、必ず組織のパフォーマンスは上がっていきます。

本来別々の個人が集まっただけの集団を、一つの組織として機能させるのは、難しいことです。だからこそ「マネジメント」「リーダーシップ」「ファシリテーション」など、さまざまなスキルが求められます。そんな中で、壁打ちは驚くほどシンプルでわかりやすい方法です。人と人とを繋ぎ、一人では生み出せない価値を、最も手軽に作り出せる方法だと私は考えています。

組織内の壁打ちは意図的に増やせる

やってみれば意外と簡単な壁打ち。しかし、自然に広まっていくのを待っているだけでは時間がかかります。「やってみよう」と思う人を最初に増やすために、何か工夫ができないでしょうか。最後は、その具体的な方法についてお話ししていきます。

▼▼▼〝たまたま〟顔を合わせる「場」を作る

壁打ちという名前を付けなくても、似たようなコミュニケーションが自然に生まれていた場所があります。それが「喫煙ルーム」でした。

若い方は信じ難いかもしれませんが、30年前なら、オフィスのフロアで普通にタバコを吸う人がたくさんいました。それが次第に喫煙ルームだけに限られるようになり、そこに部署も役職も関係なく、さまざまな人が集まるようになったのです。「うちの会社の重要な決定は、会議室ではなく喫煙ルームで行われている」なんて冗談まで交わされるほどでした。

私も以前は喫煙者でしたが、喫煙ルームが組織の中で貴重なコミュニケーションの場になっていることを実感していました（実は、この価値があまりに大きくて、禁煙を躊躇《ためら》ったほどです）。

今になって考えると、喫煙ルームは壁打ちに最適な場所だったのです。部署や階層を超えてさまざまな人が集まり、会議室にいるときよりもずっとリラックスして過ごせる。肩書を気にせず、個人として自然に話せる。責任の重さに縛られることもないから、会議室では出てこない自由な発想も出やすい。

ただ、時代の流れとともに、喫煙ルームの存在感は小さくなってきました。最近では、「カフェスペース」をオフィスに設ける会社も増えました。これは、かつての喫煙ルームのように、部署や階層を超えた自由な対話を生み出そうという意図が少なからずあるのでしょう。

そもそも「対話」は、予定を組んでわざわざ行うより、たまたま同じ場所に居合わせた人々の間で自然に生まれる方が良いものです。

そのための工夫は、カフェスペースのような特別な場所だけではありません。私が以前勤めていた会社では、誰もが普段使うコピー機やプリンター、リサイクルボックスなどの置き場を、意図的にオフィスの中央に設けていました。

また、営業部門は通常、出入りのしやすさを考えて入口近くに配置されがちです。ところが、この会社ではあえて奥まった場所に置き、外出時にスタッフ部門のエリアを通るような動線を作っていました。

そこで交わされる会話は、「元気?」「行ってらっしゃい」「お帰りなさい」といった、他愛のないものです。それでも、そんな何気ない言葉の積み重ねが、お互いに声をかけやすい関係を作っていくのです。

▼▼▼「機会」を演出する

日常的な仕事の中で対話することを心がけることに加えて、**「顔を合わせて**

強制的に話す機会」をあえて作ることも有効です。

多くの組織では、決算期や四半期ごとに経営状況や方針を共有する場を持っているはずです。そんなとき、ただ個々に話を聞くだけで終わらせるのはもったいない。参加者同士がグループ対話できる時間を少し設けるだけでも、対話のきっかけになります。

各種イベントの後の懇親会は昔からの定番ですが、最近増えているオンラインイベントでも工夫はできます。例えば、後半15分だけブレイクアウトルーム（小グループに分けたオンライン対話）を設定して、部署を超えた小グループで感想を共有する。そんな簡単なしかけでも、人と人が出会う機会を作れます。

従業員同士が顔を合わせる機会を大切にしている組織では、業務以外でもさまざまな機会を作ろうという取り組みもあります。大きな組織なら、毎月、その月に誕生日のある人だけを集めた誕生日会を開いているところも。そこまで大げさでなくても、会議室で一緒にお弁当を食べるだけでも、十分な機会になります。

私自身、あるクライアント企業で面白い試みをしたことがあります。

「○月○日、社員食堂の一角で『農業ビジネス』に関心のある人が集まって一緒に昼食を取りたいと思います。興味のある方は自由にお集まりください」と社内に告知したのです。実際は社員食堂の一角をテープで簡単に区切っただけ。そんな簡単なしかけでも、部署を超えて同じ関心を持つ社員が集まって、その中からさまざまな対話が生まれていきました。

大切なのは、組織のコミュニケーションを活性化し壁打ちを広めていこうと思ったら、まず地道に小さな工夫で人と人が出会える場を作っていくこと。

かつては移動中の時間や昼食時など、自然な対話の機会がたくさんありました。オンライン化が進み、直接会う機会が減っている今だからこそ、こういった工夫がより一層重要になってきているのです。

「壁打ちが当たり前」という風土を作る

壁打ちの効果を認識した組織の中には、半ば強制的な「仕組み」として導入するところもあります。例えば、上司と部下の間で「1on1」を義務付けたり、「壁打ちタイム」という時間枠を設定したりすることが考えられます。

こういった強制的な施策も、短期的な浸透を図るには確かに有効かもしれません。しかし、**本当の意味で長く定着させていこうと思えば、「イベント」や「制度」よりも組織の「風土」として育んでいく視点が欠かせません。**

イベントや制度は、確かにきっかけとしては大切です。ただし、単発のイベントでは一時的な盛り上がりで終わってしまいがちです。また、強制的な制度に従って仕方なくやっているだけでは、本当の定着は望めません。風土として根付かせるために最も重要なのは、組織のリーダーたちの日常的な振る舞いです。

では、壁打ちが自然に行われるような目指すべき風土とは、具体的にどのようなものなのでしょうか。

▼▼▼心理的安全性が高い風土

Googleの研究がきっかけとなって、「成果を生み出し続けるためには、組織の中で心理的安全性が確保されていることが重要」という考え方が、今や多くの組織に広く浸透しています。間違っているかもしれないこと、はっきりしないこと、突飛なアイデアでも、すぐさま否定されたりバカにされたりすることなく、一度は受け止めてもらえる環境。それは、組織の中から新しい発想や変化を生み出そうとするとき、極めて重要な要素となります。

壁打ちという対話は、まさにそんな性質を持つものです。だからこそ、心理的安全性の確保は欠かせません。

では、そんな組織をどう作っていけばいいのか。ここでは一つの重要なポイントに絞ってお話ししましょう。それは、組織のリーダーの態度です。

「うちの組織は心理的安全性を重視している」「自由に発言してほしい」。そんな言葉をいくら並べても、実際の行動が伴っていなければ意味がありません。むしろ、**リーダー自身が良い「壁」となって社員の言葉に耳を傾け、しっかりと受け止める姿勢を見せること。**それこそが、「この組織は本当に心理的安全性が高い」と実感してもらえる近道なのです。一人の社員が壁打ちで感じた安心感は、やがて組織全体に広がっていくはずです。

▼▼▼周囲に関心を持つ風土

同じ部署の中でも、また部署を超えても、周りの人に関心を持てているかどうかは、組織によって大きな差があります。関心が強い組織には一体感が生まれますが、そうでない組織はいわゆる「タテ割り」になりがちです。

どの組織にも仕事の役割分担はありますが、専門性が高まれば高まるほど、この「タテ割り」の傾向は強くなります。確かに、周りを気にせず目の前の課題だけに集中すれば、その時点での効率は上がるでしょう。そんな働き方が広がってしまうのも無理はありません。それでも、**より高いレベルの仕事を目指**

そうとすれば、横の繋がりが欠かせない。このことには、多くの人が納得するのではないでしょうか。

ただし、「横の連携は大切だから、周りにもっと関心を持とう」というかけ声だけでは、なかなか風土は変わりません。

ここで効果的なのは、誰かが率先して周りの人との壁打ちを実践してみせること。その価値を具体的な形で示していくことが、実践的な一歩となるはずです。組織の中のリーダー的存在の方から率先して行動していただきたいです。

「わからないことは恥ずかしいことではない」という風土

長らく学校教育では、「正解」があり、それにいかに早く正確に到達できるかが評価されてきました。それでも今、社会人の多くが実感しているのは、**「正解がわからない」領域が増えている**という現実ではないでしょうか。

確かに、最近の学校教育は「正解のない問いを探究する」方向に変わってきています。しかし、学校の入試制度をはじめとして、まだまだ「正解主義」は根強く残っています。

そんな環境で育ってきた人にとって、「わからない」ことは隠すべきもの、という意識は自然と身についてしまいます。「わからない」と言えば怒られる、評価が下がる、そんな感覚が染みついていれば、つい「わかったふり」をしてしまう人も出てくるでしょう。

「これからは仮説思考が大切だ」とよくいわれます。しかし、それが具体的にどういうものなのか、イメージしづらい人も多いのではないでしょうか。

実は、壁打ちは「仮説思考」そのものです。まだはっきりといえないこと、本当にそうかどうかわからないこと、自分の中でもモヤモヤしていること、そんな段階の思考を言葉にして、誰かに聞いてもらうことを勧めています。

組織の上席者が「壁」となって、未完成の考えを受け止める姿勢を見せること。それによって、「わからないことは必ずしも恥ずかしいことではない」というメッセージが伝わります。

これから先、世の中はますます「正解がわからない」世界に向かっていくでしょう。そんな時代に、「わからないことは恥ずかしい」「正解が出るまで人に話してはいけない」という風土では、物事は前に進みません。まして、「わかったふり」が蔓延《まんえん》する組織は、必ずどこかで道を誤ります。壁打ちを通じて、「わからないことを話せる」という風土を育ててください。これからの組織にはそんな風土が必要不可欠なのです。

▼▼▼フラットな風土

組織は上下の命令系統をはっきりさせた方が、正確で素早い運営ができます。「上」の人が指示を出し、「下」の人がそれに従う。そんなシンプルな関係は、わかりやすく効率的でもあります。

しかし、これは「上の人の方が正解をよく知っている」という前提があってこそ成り立つ仕組みです。今のように環境が目まぐるしく変化する時代に、そんな前提は通用するでしょうか。

未知の領域に踏み込むとき、上の人にも下の人にも、正解は見えていません。確かに上の人の方が経験は豊富かもしれません。ただし基本的には、「どちらもよくわかっていない」状況が増えているのです。

もし部下が「上司は何でもわかっているはず」と思い込んでいたら、そこにズレが生まれます。だからこそ上司は、「自分にもわからないことがある」という姿を、時には見せていくのが効果的です。

もちろん、最後は誰かが決断を下さなければなりません。その役割と責任は、やはり「上」の人が担うべきでしょう。それでも、**そこに至るまでの過程では、上下の壁を取り払って意見を交わせた方が、より良い答えに近づけるはずです。**

正解が見えない領域では、組織の上下関係にかかわらず、お互いが「壁」となって意見を交わし合う。そんな関係が理想的です。

上司からも積極的に部下に「壁打ち」を持ちかけてみてはどうでしょうか。最初は部下も戸惑うかもしれません。

しかし、それは上司自身が「わからないことに真摯に向き合おうとしている」姿を見せることにもなります。そんな姿勢こそが、組織にフラットな対話の文化を根付かせる第一歩となるのです。

壁打ちの活用によって、みなさんの手がけるビジネスがより強く素晴らしいものとして発展していかれることを祈念します。

さぁ、壁打ちを始めましょう！

おわりに

「はじめに」の中で、リクルートが創業60年を超えた今も活力を失わずにいられる理由の一つは、壁打ちの文化が組織に浸透しているからではないかと書きました。

個々人の能力の高さもさることながら、**その能力を十分に引き出す組織文化にこそ、リクルートの強みはある**と私は見ています。

その秘密の一つが、壁打ちの文化です。

社員全員がアイデアマンであるわけでは決してありません。しかし、壁打ちが「すごい」レベルで日常的に行われているからこそ、ＰＤＣＡサイクルのように壁打ちのサイクルも高速で回り、日々アイデアが生み出され、磨かれていく。そんな仕事のスタイルが定着しています。それは、昔も今も変わりません。

リクルートの社員は、世間で「よく喋《しゃべ》る」と言われがちです。

それは、モヤモヤして曖昧なアイデアや思いつきも、壁打ちとなれば他者に話すことが許容される文化の中で育つからでしょう。

逆に言えば、壁打ちの機会が多いので、曖昧な考えもどうにか自分で「言語化」して共有することが求められます。**アイデアや課題感を個人の中に内在化させたまま話さずに留《とど》めることを許さない**ので、「言語化」については日常的にかなり鍛えられているともいえます。言語化の過程で曖昧なアイデアは整理され、形になっていきます。

今もさまざまな新規事業を生み出し続けていますが、**新規事業が生まれる背景には、年間にたくさんの社内起案があるだけでなく、日常的に小さなアイデアが絶えず壁打ちを通して社員の中で話題に上っていることが大きいです。**もちろんそのほとんどは途中で消えていくのですが、最初は稚拙だと思われたアイデアが、何人もの社員の脳を経由する中で磨かれて強くなっていきます。

リクルートが今も元気を維持できているとすれば、それを支えているのは長年かけて培ってきた「壁打ち」に象徴される企業風土です。

私自身、もうリクルートグループを離れてから長いのですが、今も「リクルートの元気の秘密は？」と聞かれることがあります。さまざまな異なる文化の企業とお仕事をする中で、何が特徴なのだろうかと考え続けてきました。その一つの解が壁打ちにあると確信するに至り、本書に取り組む動機になりました。

ただ、コーチングやカウンセリングなどの他の対話の手法と比べると、壁打ちのやり方を具体的に整理したものがないことに気づきました。各所で耳にする壁打ちの中には、「それはただの相談では？」というものも多いです。

本書で示したものは、あくまで私流のやり方なので、これが正解というわけではありません。他の方には他の方のやり方が、きっとあると思います。それでもこうして一旦まとめてみることで、いろいろな流派の壁打ちのやり方を情報交換する機会が広がってくれればとの期待もあります。

感想やみなさん流の壁打ち技法を、ぜひお聞かせください。互いに壁打ちの技量を高め合えればと思っています。

私流の壁打ちは、これまでの数千人の方との数万回に及ぶ壁打ちの機会の結果たどりついているものです。これまで壁打ちの機会をくださった方々、私の壁打ちを受けてくださった方々に、あらためて感謝申し上げます。

これからも、お仕事として積極的に壁打ちをお受けしていきたいと思っております。機会をいただける方はどうぞ弊社ＨＰを通じ、お声がけください。

本書は、サンマーク出版の尾澤佑紀さんからのお声がけから企画がスタートしました。まさに尾澤さんとの何度にもわたる壁打ちを経て、単なるコミュニケーション法、思考法としてだけでなく関係構築術、組織の活性化まで視野を広げることができました。この機会をいただけたことを深く感謝しています。

日本企業は、各所で「元気がない」「新しいものが生まれづらくなっている」といわれます。この現状を打破していくために、壁打ちが寄与することができれば、著者として格別の喜びです。

石川 明

石川 明（いしかわ・あきら）

株式会社インキュベータ代表取締役。

1988年上智大学文学部社会学科卒業後、リクルートに入社。リクルートの企業風土の象徴である、新規事業提案制度「New RING」の事務局長を務め、新規事業を生み続けられる組織・制度づくりと1000件以上の新規事業の起案に携わる。

2000年にリクルートの社員として、総合情報サイト「オールアバウト」社の創業に携わり、事業部長、編集長などを務める。

2010年に独立起業。大手企業を中心に、新規事業の創出、新規事業を生み出す社内の仕組みづくりに携わり、これまで150社、3000案件、6000人以上の新規事業検討に伴走し支援してきた。

「壁打ち」の相手になって新規事業の起案者の話を聴く回数は年間1000回を超える。

早稲田大学ビジネススクール修了。大学院大学至善館特任教授、上智大学Sophia Entrepreneurship Network運営委員、明治大学専門職大学院グローバル・ビジネス研究科客員教授。経済産業省の起業家育成プログラム「始動」講師などを歴任。

著書に『Deep Skill』（ダイヤモンド社）、『はじめての社内起業』（ユーキャン学び出版）、『新規事業ワークブック』（総合法令出版）がある。

装丁　井上新八
本文デザイン・DTP　杉本千夏（Isshiki）
図版　岡部夏実（Isshiki）
校正　株式会社ぷれす
編集　尾澤佑紀（サンマーク出版）

すごい壁打ち

2025年3月10日　初版印刷
2025年3月20日　初版発行

著者　石川明
発行人　黒川精一
発行所　株式会社サンマーク出版
〒169-0074
東京都新宿区北新宿2-21-1
（電）03-5348-7800

印刷・製本　三松堂株式会社

©Akira Ishikawa, 2025 Printed in Japan
定価はカバー、帯に表示してあります。落丁、乱丁本はお取り替えいたします。
ISBN978-4-7631-4205-4　C0030
ホームページ　https://www.sunmark.co.jp